8살 방 정리의 힘

공부 집중력부터
자기 주도 학습까지
한 번에 잡는

8살
방 정리의 힘

이정원 지음

카시오페아
Cassiopeia

이 책을 읽는 독자들에게
8살, 방만 정리해도 공부가 쉬워진다고?

초등학교 1학년은 아이가 사회와 학업 활동에 본격적으로 발을 내딛는 중요한 시기입니다. 방 정리는 단순한 생활 습관이 아니라, 전반적인 성장과 학습 능력을 키우는 데 중요한 역할을 합니다. 특히 8살 발달 단계에서 방 정리를 배우면 자기 관리 능력, 책임감, 그리고 학습 태도가 향상됩니다.

숙제도 척척! 방 정리 습관으로 익히는 자기 통제력
초등학교 1학년은 아직 자기 통제력이 충분히 발달하지 않은 시기입니다. 방 정리는 자기 통제력을 키우는 훌륭한 훈련장이 될 수 있습니다. "지금 당장 장난감을 가지고 놀고 싶지만, 먼저 방을 정리하자!"라는 작은 결심을 실천하는 과정에서 아이는 자기 통제력을 배우게 됩니다. 이런 경험이 쌓이면 아이는 "해야 할 일을 먼저 끝낼 수 있어!"라는 자신감을 얻고, 이는 숙제를 제때 끝내는 학습 습관으로 이어집니다. 방 정리라는 작은 실천이 초등 1학년 아이들에게 자기 통제력을 길러 주는 첫걸음이 되는 것입니다.

책 찾느라 허둥지둥? 정리정돈으로 키우는 학습 능률

초등학교 1학년은 처음으로 본격적인 학습을 시작하는 시기로, 집중력과 규칙적인 습관이 매우 중요합니다. 어수선한 방은 아이의 주의를 분산시키고 학습 시간을 낭비하게 하지만, 깔끔히 정리된 방은 학습에 몰입할 수 있는 환경을 만들어 줍니다. 책상이 정리되어 있다면 "글씨 쓰기 연습장 어디 있지?" 하고 시간을 허비하지 않고 바로 공부를 시작할 수 있습니다. 정돈된 환경은 아이가 학습 도구를 빠르게 찾고, 공부에 필요한 사고를 훈련하는 바탕이 됩니다. 특히 초등 1학년은 글씨 쓰기, 책 읽기, 간단한 문제 풀기와 같은 기초 학습 활동이 많아 정리정돈 습관이 학습 능률을 높이는 데 큰 역할을 합니다.

학교 준비물도 착착! 방 정리로 배우는 책임감

초등학교 1학년이 되면 아이들은 처음으로 스스로 많은 일을 챙겨야 하는 책임감을 배우기 시작합니다. 숙제를 가져오고 준비물을 챙기는 작은 일도 이제는 아이 스스로 해야 하는 중요한 과제입니다. 이때 방 정리는 책임감과 자율성을 키우는 시작점이 될 수 있습니다. "책은 책장에 꽂고, 연필은 필통에 넣자!"라는 간단한 정리 규칙을 매일 스스로 실천하면서 아이는 자신의 물건과 공간을 책임지는 법을 배웁니다. 방 정리를 통해 익힌 이런 습관은 학교생활로 자연스럽게 연결됩니다. "내 숙제는 내가 챙길래!", "내일 비가 오니까 우산을 미리 가방에 넣어야지!"와 같은 태도가 생겨나는 것이죠. 스스로 방을 정리하는 아이는 단순히 깔끔한 방을 만드는 것에 그치지 않고, 학교에서도 자신의 역할을 책임감 있게 해내는 학생으로 성장합니다.

교과서도 술술! 정돈된 방이 키우는 체계적 사고력

초등학교 1학년은 모든 것이 새롭고 낯선 시기로, 분류와 체계화 능력을 키우는 것이 학습에 큰 도움이 됩니다. 이때 방 정리는 아이가 이러한 능력을 자연스럽게 훈련할 수 있는 일상적인 활동이 됩니다. 장난감은 장난감 상자에, 책은 책장에, 옷은 옷장에 정리하는 과정을 반복하면서 아이는 물건을 분류하고 배열하는 법을 배우게 됩니다. 이렇게 방 정리에서 익힌 분류와 체계화 능력은 학습 활동의 밑바탕이 됩니다. 수학 시간에 수를 묶어 계산하거나, 과학 시간에 실험 결과를 정리하는 활동에는 체계적인 사고가 필요하기 때문입니다. 특히 초등 1학년 아이가 교과서와 학용품을 스스로 정리하면서 "국어책은 여기, 수학책은 저기!" 하고 분류하는 연습을 하면, 학습 자료를 구조화하고 정리하는 능력을 키울 수 있습니다. 이렇게 방 정리를 통해 체계적으로 사고하는 아이는 학교에서도 자신감을 가지고 다양한 과제를 수행할 수 있게 됩니다.

정리도 쏙쏙! 방 정리가 키우는 초등 1학년의 자신감

초등학교 1학년은 자율성과 자신감을 키우는 시기로, 작은 성공 경험은 아이의 마음에 큰 영향을 미칩니다. 방 정리는 그 성공의 출발점이 될 수 있습니다. 어지럽힌 장난감과 책을 스스로 정리한 뒤 깔끔해진 방을 바라보는 아이는 "와, 내가 해냈어!"라는 뿌듯함을 느끼게 됩니다. 부모가 "정말 멋지다! 네 방이 훨씬 깔끔해졌네. 혼자서 이렇게 잘하다니 대단해!"라고 칭찬해 주면 아이는 더 큰 동기를 얻고 스스로 긍정적으로 바라보는 힘을 키우게 됩니다. 이런 경험은 학습에서도 "나는 숙제도 잘할 수 있어!", "문제 풀이도 내가 해낼 수 있어!"라는 자신감으로 이어집니다. 방 정리라는 작은 성취가 쌓이면서 아이는 스스로 새로운 과제에 도전하고 해결할 용기를 얻습니다.

공부 습관도 차근차근! 방 정리로 기르는 계획력

초등학교 1학년은 새로운 환경 속에서 규칙과 습관을 형성하는 중요한 시기입니다. 매일 자기 전에 스스로 방을 정리하는 아이는 자연스럽게 규칙적인 생활패턴을 익히게 됩니다. "잠자기 전에 방을 정리하는 것처럼 공부도 정해진 시간에 해야 해!"라는 생각이 아이의 생활 속에 자리 잡게 되는 것이죠. 방을 정리하며 "먼저 책상 위를 치우고, 그다음 장난감을 정리하자."라고 계획을 세우는 경험은 학습에서도 "먼저 국어 숙제를 끝내고, 그다음 수학 문제집을 풀자!"라는 자기 주도 계획으로 이어집니다. 방 정리를 통해 우선순위를 정하고 계획하는 법을 배운 아이는 학습에서도 체계적이고 규칙적으로 행동할 가능성이 큽니다. 초등학교 1학년 아이에게 방 정리는 단순한 청소 이상의 의미를 가지며, 책임감 있고 자기 주도적인 학습 태도를 키우는 중요한 출발점이 됩니다.

멋진 습관이 쑥쑥! 정리로 배우는 삶의 기술
초등학교 1학년 시기에는 모든 것이 새롭게 다가옵니다. 자신의 방을 정리하면서 아이는 "내 공간과 물건은 내가 책임져야 해!"라는 책임감을 느끼고, 질서를 유지하는 방법을 자연스럽게 익히게 됩니다. 아이가 장난감을 정리하면서 "이 장난감은 여기 두어야 쉽게 찾을 수 있겠지?"라고 생각하거나, "책은 이렇게 세워야 안 구겨지겠네!"라고 스스로 깨닫는 과정을 통해 자신의 물건을 소중히 여기는 마음을 키워 갑니다.

초등학교 1학년, 8살 아이에게 방 정리는 단순히 물건을 치우는 일이 아니라, 학습과 성장의 중요한 기초를 다지는 과정입니다. 방 정리를 통해 아이는 집중력, 책임감, 자기 통제력, 그리고 체계적인 사고 능력을 키울 수 있습니다. 이 시기에 부모가 방 정리 습관을 만들어 준다면, 아이는 자연스럽게 학습 습관까지 연결하며 자기 주도적인 태도를 형성하게 됩니다. 8살의 방 정리는 단순히 공간을 깨끗하게 유지하는 것이 아니라, 아이의 미래를 준비하는 가장 작은 첫걸음입니다.

차례

이 책을 읽는 독자들에게 8살, 방만 정리해도 공부가 쉬워진다고? · · · · · · · · · · · · · · · · 005
프롤로그 공간이 바뀌면 아이도 달라진다 · 014

Part 1 집 안 풍경을 보면 아이의 미래가 보인다

좋은 공간이 아이의 공부 습관을 만든다 · 026
좋은 기억력은 정리력에서 시작된다 · 032
아이가 정리정돈 습관을 들이지 못하는 이유 · 044
정리정돈 습관은 몇 살부터? · 050
주변 환경이 성격을 만든다 · 057
거실에서 공부하는 아이 vs. 방에서 공부하는 아이, 최적의 환경은? · · · · · · · · · · · · · · 061
공간 마법사의 핵심 ✦ TIP ① 25평 은호네: 거실이 독서실이 되면 행복할까? · · · · · · 071
공간 마법사의 핵심 ✦ TIP ② 19평 재인이네: 자녀의 성향에 따른 공간 배치 솔루션 · · · 080
공간 마법사의 핵심 ✦ TIP ③ 부모의 정리 습관 자가 진단 체크리스트 · · · · · · · · · · · · · · · 086

아이와 부모가 함께하는 공간 정리 Q&A 정리 습관 편 ·········· 088
✦ **정리 습관** | 아이가 스스로 정리하도록 만드는 핵심 방법은?
✦ **거부감 해결** | 정리를 싫어하는 아이, 어떻게 유도할까?
✦ **물건을 쌓아 두는 습관** | 버리지 않고 모으는 아이, 어떻게 정리할까?
✦ **정리 습관 유지** | 정리한 공간을 오래 유지하는 핵심 비결은?
✦ **아이 방 인테리어** | 정리 습관을 돕는 가구 배치는?
✦ **아이 신발 정리** | 신발이 여기저기 흩어지는 걸 막는 방법은?
✦ **침대 정리** | 아이가 이불을 스스로 정리하도록 돕는 방법은?
✦ **가족 실천** | 가족 모두가 함께하는 정리 습관은?

Part 2 5~13세, 연령대별 방 정리의 비밀

안정감 형성기 5~6세, 놀이방 구성에도 이유가 있다 ·········· 098
변화 도전기 7~9세, 공부방으로의 성공적인 변신을 꾀하다 ·········· 108
스스로 도약기 9~11세, 공부력을 키우는 공부방의 비밀 ·········· 119
집중력 지속기 12~13세, 아이의 성향에 맞는 공부 환경은 따로 있다 ·········· 132
공간 마법사의 핵심 ✦ TIP ④ 40평 정주네: 쌍둥이 형제의 방을 만들어 주고 싶어요 ·········· 147
공간 마법사의 핵심 ✦ TIP ⑤ 35평 동일이네: 중학생 아이 물건, 동생한테 물려줘야 할까요? ·········· 157
아이와 부모가 함께하는 공간 정리 Q&A 아이 방 편 ·········· 160
✦ **아이 방 구조** | 공부 공간과 놀이 공간을 분리하는 효과적인 방법은?
✦ **놀이 공간 정리** | 아이가 블록, 퍼즐을 스스로 정리하게 하려면?
✦ **장난감 정리** | 장난감이 늘어나는 걸 막고 정리 습관을 들이는 방법은?

- ✦ **옷 정리** | 금방 작아지는 아이 옷, 효율적으로 관리하는 방법은?
- ✦ **아이가 자주 쓰는 물건** | 학용품, 장난감, 책을 효율적으로 배치하는 팁은?
- ✦ **취미 용품 정리** | 미술 도구, 레고, 피아노 악보 등 취미 용품이 많다면?
- ✦ **미술 도구 정리** | 아이가 미술 도구를 깔끔하게 보관하게 하려면?
- ✦ **준비물** | 학교 준비물을 스스로 챙길 수 있도록 돕는 방법은?

Part 3 성적이 쑥쑥 오르는 집 안 정리의 기술

스킬 1 아이가 직접 방을 꾸미면 공부 시간이 늘어난다	169
스킬 2 자기 통제력을 키우려면 '딱딱한 의자'가 효과적이다	173
스킬 3 창의력을 키워 주고 싶다면 침대 머리맡에 책장은 금물	178
공간 마법사의 핵심 ✦ TIP ⑥ 30평대 네 자매: 성향을 파악하면 다툼이 줄어든다	184
공간 마법사의 핵심 ✦ TIP ⑦ 복층형 미정 씨네: 드레스룸이 2층에 있는 이유	192
아이와 부모가 함께하는 공간 정리 Q&A 체계적인 관리 편	198

- ✦ **형제자매 공간** | 공동으로 쓰는 공간, 갈등 없이 정리하려면?
- ✦ **욕실용품 공유** | 형제자매가 함께 쓰는 욕실용품, 어떻게 정리할까?
- ✦ **학습 자료 정리** | 프린트물과 노트를 깔끔하게 관리하려면?
- ✦ **디지털 파일 정리** | 아이의 온라인 학습 자료와 사진을 체계적으로 관리하는 방법은?
- ✦ **공부 집중력** | 집중력을 높이는 책상 정리법은?
- ✦ **책 정리** | 책이 쌓이기만 하는데, 효과적으로 정리하는 방법은?
- ✦ **책가방 보관** | 아이가 가방을 아무 데나 두지 않도록 하는 방법은?
- ✦ **물건 정리** | 아이 물건이 너무 많을 때, 효과적으로 줄이는 방법은?

Part 4 아이들이 행복해하는 인테리어의 기술

산만한 우리 집, 가장 먼저 해야 할 일은? ···································· 206
가족과 함께하는 정리정돈 4단계 ···································· 220
온 가족이 함께하는 정리정돈 DAY ···································· 226
가족 수에 딱 맞는 짐 크기의 법칙 ···································· 237
물건과의 작별, 아이가 먼저 결정하도록 하라 ···································· 245
아이를 위한 정리 습관 교육법 ···································· 251
동선을 줄이는 인테리어 관리법 ···································· 256
놀이방부터 휴식 공간까지 진짜 집 꾸미기 기술 ···································· 262
공간 마법사의 핵심 ✚ TIP ⑧ 아이의 정리정돈 습관 길러 주는 10가지 방법 ···································· 268
아이와 부모가 함께하는 공간 정리 Q&A 온 가족 루틴 편 ···································· 274
✦ **가족 공용 공간** | 거실을 깔끔하게 유지하는 정리 방법은?
✦ **욕실 정리** | 아이의 세면도구와 장난감을 효율적으로 정리하는 방법은?
✦ **식탁 정리** | 아이와 함께 식사 공간을 정리하는 좋은 방법은?
✦ **냉장고 정리** | 아이 간식을 한눈에 찾기 쉽게 정리하는 방법은?
✦ **계절 용품 정리** | 겨울옷, 여름옷을 깔끔하게 보관하는 방법은?
✦ **가정 내 서류 정리** | 가정 통신문, 아이의 성적표, 병원 기록을 정리하는 방법은?
✦ **자동차 정리** | 차 안이 장난감과 간식으로 어질러지는 걸 막는 방법은?
✦ **여행 짐 정리** | 아이와 함께 여행 가방을 효과적으로 싸는 방법은?

에필로그 물건을 차곡차곡 정리하며 아이는 삶을 배워 갑니다 ···································· 278

프롤로그 공간이 바뀌면 아이도 달라진다

　근 몇 년 사이, 정리정돈이 단순한 집안일의 범주를 넘어 하나의 문화적 트렌드로 자리 잡았습니다. 일본의 '콘마리(KonMari) 열풍'이 한국에 상륙하면서 많은 사람이 "설레지 않으면 버려라!"라는 말에 열광했지요. 그 이후로 한국에서도 다양한 정리정돈 방법이 등장했고, 특히 가족 구성원 모두가 함께 참여하는 방식으로 진화해 왔습니다. 이러한 변화는 사람들이 단순히 물건을 치우는 행위를 넘어, 마음을 정리하고 새로운 삶을 시작하고자 하는 욕구가 있다는 것을 보여 줍니다. 정리정돈이 단순한 집안일이 아니라, 더 나은 삶을 향한 첫걸음이 된 것입니다.

　그런데 우리는 한 가지 중요한 사실을 놓치고 있습니다. 정리정돈 습관이 아이의 인생을 바꿀 수 있다는 점입니다. 아이가 방을 정리하는 작은 행동은 삶을 질서 있게 정리하고 목표 지향적인 생활 습관을 형성하는 씨앗입니다. 방을 정리하는 것은 단순히 물건을 치우는 일이 아닙니다. 이는 자기 통제력과 책임감을 키우고, 나아가 학습 주도권과 창의력, 자기 주도적 삶의 태도를 기르는 과정입니다. 이 작은 변화가 아이의 인생 전반에 걸쳐 큰 영향을 미칠 수 있습니다.

정리정돈, 단순한 집안일이 아니다

정리정돈이 중요한 이유는 현대 사회에서 집의 역할이 변하고 있기 때문입니다. 과거에는 집이 단순히 잠만 자는 공간이었다면, 이제는 일과 삶이 공존하는 중요한 장소가 되었습니다. 재택근무와 온라인 수업이 일상이 된 요즘, 주거 환경이 개인의 삶과 행복에 미치는 영향은 더욱 커졌습니다.

특히 최근에는 소유의 가치보다 경험의 가치가 중요시되고 있습니다. 과거에는 물건을 많이 가지는 것이 부의 상징이었지만, 이제는 불필요한 물건을 줄이고 삶의 경험에 투자하려는 경향이 강해졌습니다. 물건을 줄이고 정리하는 과정에서 사람들은 진정으로 중요한 것이 무엇인지 깨닫게 되고, 가족 구성원 간의 대화가 늘어나고, 자연스레 친밀해집니다.

아이들과 함께 정리정돈을 하면 어떤 변화가 일어날까요? 아이가 장난감을 정리하며 이렇게 말한 적이 있습니다.

"엄마, 이건 내가 아끼는 거라 버리기 싫어요. 대신 저걸 버릴게요."

이 한마디 속에는 아이의 성장 과정에서 매우 중요한 요소가 담겨 있습니다. 아이는 모든 것을 다 갖지 못한다는 걸 알고, 무엇이 나에게 더 소중한지 판단할 줄 압니다. 성장기 아이들이 자기의 마음을 아는 건 쉽지 않은 일입니다. 정리정돈은 아이의 일상에 '선택'의 순간을 만들어 줍니다. 아이에게 자기 물건에 대한 책임감을 심어 주고, 우선순위를 파악할 힘을 길러 주는 것이죠.

아이는 물건의 자리를 찾아 주는 과정에서 질서를 배우고, 스스로 문제를 해결하는 법을 익히게 됩니다. 잘 정돈된 공간은 아이에게 질서와 책임을 가르치는 동시에, 삶을 주도적으로 살아갈 힘을 키워 줍니다.

정리정돈 습관이
아이의 미래를 좌우한다?

부모들이 흔히 하는 잔소리가 있습니다.

"너, 방 정리 언제 할래?"
"방이 왜 이렇게 지저분하니?"

이 잔소리는 겉으로는 방 정리를 강조하는 말처럼 들리지만, 사실 부모의 마음속에는 더 깊은 걱정이 담겨 있습니다. 학교와 학원에서 바쁘게 생활하는 아이가 지친 모습으로 집에 돌아왔을 때, 부모는 아이를 배려해 방 정리를 대신 해 주기도 하고, 방이 어수선해도 이해하기도 합니다. 하지만 정리정돈은 단순한 집안일 이상의 의미를 지닙니다. 정리정돈 습관은 아이의 전반적인 삶의 태도와 학습 능력에 영향을 미치기 때문입니다.

미네소타대학교 명예교수 마티 로스만(Marty Rossman)은 수십 년간의 연구를 통해 어릴 때부터 집안일을 해 온 아이들이 그렇지 않은 아이들보다 더 높은 자신감과 책임감을 가지고 있으며, 직업적으로 성공할 가능성이 더 높다는 사실을 밝혔습니다. 또 하버드 의과대학 조지 베일런트(George Vaillant) 교수는 11~16세 아동 456명을 35년간 추적 관찰한 결과, 사회적으로 성공한 사람들의 유일한 공통점이 어린 시절에 집안일을 했다는 것이었다고 보고했습니다. 이 연구 결과들은 정리정돈이 단순히 공간을 깨끗하게 만드는 일이 아니라, 자기 통제력과 삶의 질서를 형성하는 중요한 기초 작업이라는 사실을 보여 줍니다.

정리정돈으로 기르는
공부 역량 3가지

정리정돈이 학습 능력에 어떤 영향을 미치는지 구체적으로 살펴보면 다음과 같습니다.

첫째, 학습 주도권을 확보합니다. 스스로 정리정돈을 하는 아이는 자제력과 자기 통제력이 있습니다. 공부하는 아이에게 가장 어려운 것은 바로 자기 자신과의 싸움입니다. 텔레비전을 보고 싶은 유혹, 친구들과 휴대폰으로 대화하고 싶은 유혹을 이겨

내고, 지금 해야 할 일에 집중할 수 있는 능력이 필요합니다. 지저분한 환경에서는 집중력을 유지하기 쉽지 않습니다. 많은 연구에서 집중력을 기르는 방법으로 매일 짧은 시간을 투자해 정리정돈을 하길 추천합니다. 어릴 때부터 정리정돈을 하는 습관을 들인 아이는 산만함이 줄어들고, 자연스럽게 공부에 집중하는 태도가 형성됩니다.

둘째, 창의력을 향상합니다. 정리정돈을 잘하는 아이는 자기 공간을 스스로 관리하고 꾸밉니다. 책을 정리하는 순서, 장난감을 배치하는 방식, 가구의 배치 등을 스스로 결정하면서 창의력을 키울 수 있습니다. 창의적인 아이는 그렇지 않은 아이보다 평균 성적이 더 높다는 연구 결과도 있습니다.

셋째, 적절한 긴장 상태를 유지합니다. 공부가 가장 잘되는 환경은 적절한 긴장 상태를 유지할 수 있는 곳입니다. 독서실이나 도서관에서 집중력이 더 잘 발휘되는 이유는 조용한 분위기와 단출한 책상 배치 덕분입니다. 집에서도 이러한 긴장 상태를 유지할 수 있도록 정리정돈이 필요합니다. 자신의 공부방을 깔끔하게 유지하는 아이들은 공부에 몰입하는 데에 큰 에너지가 필요하지 않습니다. 책상 위에 올려 두는 물건이 적을수록 자연스럽게 적절한 긴장감을 조성해 학습 효율에도 긍정적인 영향을 줍니다.

정리정돈의 첫 시작은
5살 때부터!

정리정돈 습관은 하루아침에 형성되지 않습니다. 저는 만 5세가 되면 아이들에게 장난감을 정리하는 법과 양말, 속옷을 개는 법을 천천히 가르치라고 권장합니다. 우리 속담에 "세 살 버릇 여든까지 간다."라는 말이 있습니다. 어릴 때 정리정돈 습관을 들이면 평생의 태도가 달라질 수 있습니다.

세계적인 축구선수 손흥민의 집을 보면 불필요한 가구가 거의 없습니다. 손흥민 선수의 아버지 손정웅 씨는 "운동선수의 집중력에 방해가 되는 가구는 최소화하는 것이 좋기 때문"이라고 말했습니다.

자녀의 방을 예쁘게 꾸미고 싶다면, 무엇보다 먼저 공부에 방해가 되는 물건과 가구를 최소화하고 정리정돈 습관을 들이게 하는 것이 중요합니다.

이 책을 통해 지금부터 아이가 본격적으로 정리정돈을 시작해 자기 삶을 주도적으로 이끌어 갈 수 있도록 도와주세요. 아이의 방이 달라지면, 아이의 미래도 달라집니다.

– 이정원

PART 1

집 안 풍경을 보면 아이의 미래가 보인다

아이들은 눈에 보이는 세상을 통해 많은 것을 배우고 느낍니다. 아이들에게 집이라는 공간은 단순한 생활의 장소를 넘어 인생의 첫 학교입니다. 이 공간에서 삶의 질서를 배우고, 가족 구성원 간의 관계를 체험하며, 세상을 바라보는 자신만의 시각을 형성합니다. 그런데 집 안 곳곳이 정돈되지 않은 상태라면 아이들은 무엇을 배우게 될까요? 반대로, 각 공간이 각자의 역할을 충실히 하고, 물건들이 제자리를 찾아가면서 정리된 집이라면 아이에게 어떤 메시지를 줄 수 있을까요?

공간 정리를 위한 상담을 하다 보면, 많은 부모가 자녀의 학습 공간을 리모델링하거나 장난감 수납함을 새로 구입하는 것만으로 아이의 생활습관이 달라지는 것을 기대합니다. 물론 부분적으로 사실이지만, 공간 정리의 핵심은 단순히 '물건을 치우는 일'에 있지 않습니다. 아이가 자라나는 과정에서 집이라는 공간이 아이에게 어떤 메시지를 전달하고 있는지 깊이 생각하는 것이 훨씬 중요합니다.

저는 고객의 고민을 듣기 위해 상담 시간을 충분히 확보합니다. 일반적으로 상담이 시작되면 2~3시간이 금세 지나갑니다. 왜 그렇게 오래 걸리느냐고 묻는다면, 제가 상담을 통해 파악하고자 하는 것은 단순한 수납공간의 부족이나 잘못된 정리 방법이 아니기 때문입니다. 그 집에 사는 사람들의 일상적인 생활 방식을 비롯해 가족들이 공간을 어떻게 사용하고 있는지, 물건에 어떤 의미를 부여하는지를 파악하는 것이 훨씬 더 중요해서이지요.

정돈하는 집 vs. 방치하는 집

어떤 집은 아이의 방에 참고서와 필기구가 흩어져 있고, 부모의 서재에는 읽지 않는 책이 쌓여 있습니다. 또 어떤 집은 거실이 장난감들로 가득 차 있습니다. 이런 광경을 볼 때마다 저는 물건의 상태와 위치가 정리의 문제를 넘어 아이에게 미치는 영향에 대해 깊이 생각하게 됩니다.

정리되지 않은 집 안 환경은 아이에게 다음과 같은 메시지를 전달합니다.

"일이 아무리 복잡해도 그냥 두면 된다."
"어차피 노력해도 바뀌지 않는다."

"불편함은 감수할 수밖에 없다."

반대로 잘 정돈된 집은 다음과 같은 메시지를 줍니다.

"모든 것은 제자리를 찾을 수 있다."
"문제가 있으면 해결할 방법이 있다."
"작은 변화가 큰 결과를 만든다."

공간 정리는 곧 삶의 태도를 정하는 과정입니다. 이 과정에서 아이들은 세상에 대한 긍정적인 관점을 얻게 됩니다. 잘 정돈된 공간은 아이에게 규칙과 질서의 중요성을 가르치고, 물건을 소중히 다루는 법을 알려 주며, 문제를 해결할 수 있다는 자신감을 심어 줍니다. 이 모든 것은 결국 아이가 자라면서 스스로 삶을 이끌어 가는 데 중요한 기반이 되겠지요.

집안 풍경을 보면
아이의 내일이 보인다

집이라는 공간에는 가족 구성원 간의 관계가 담겨 있고, 부모의 가치관이 녹아 있기에 집에서 아이가 세상을 바라보는 시각이 형성됩니다. 그래서 저는 공간 정리를 단순한 '청소'나 '수납'의 문제로만 바라보지 않습니다. 정리 상담을 할 때마다 저는 집안 풍경이 그 집 아이의 미래와 연결되어 있다는 사실을 늘 깨닫게 됩니다.

정리가 잘된 집은 아이에게 희망을 줍니다. 그 희망은 무언가를 이룰 수 있다는 자신감, 문제를 해결할 수 있다는 믿음, 변화가 가능하다는 깨달음에서 나옵니다. 반대로 정리가 되지 않은 공간은 아이에게 무기력함을 심어 줄 수 있습니다. "어차피 해도 안 된다."라는 생각은 작은 물건 하나에서부터 시작될 수 있습니다.

아이가 자라는 공간이 혼란스럽고 무질서하다면, 아이가 삶에서 무엇을 배우게 될까요? 집은 아이의 거울입니다. 부모가 집의 환경을 어떻게 꾸미고 가꾸는지가 결국 아이의 삶에 대한 태도를 결정합니다. 정리가 단순한 청소 이상의 의미인 이유는 여기에 있습니다. 정리된 공간이 아이에게 보내는 메시지와 그 메시지가 아이의 미래에 미치는 영향을 결코 과소평가해서는 안 됩니다.

좋은 공간이 아이의
공부 습관을 만든다

공간은 단순히 몸이 머무는 곳이 아니라, 마음과 생각이 스며드는 곳입니다. 우리가 하루 중 가장 많은 시간을 보내는 집이야말로 우리의 생각과 태도에 깊은 영향을 미칩니다. 그중에서도 아이의 공부방은 단순한 생활 공간을 넘어, 아이가 자신의 삶을 정리하고 주도적으로 이끌어 가는 출발점이 됩니다. 하지만 현실에서는 아이의 방이 어질러져 있어도 심각하게 여기지 않는 부모들이 많습니다.

**좋은 공간에
좋은 생각이 머문다**

컨설팅을 하다 보면 종종 "우리 애는 원래 정리를 잘 안 해요."라는 말을 아무렇지 않게 하는 부모들을 만나게 됩니다. 하지만 정리정돈을 잘하는 아이와 그렇지 않은 아이는 학습 태도와 성적에서 확연한 차이를 보입니다. 왜 이런 결과가 나올까요? 이는 공간이 아이의 사고방식과 습관에 직접적인 영향을 미치기 때문입니다.

우리의 뇌는 시각적 정보를 통해 끊임없이 자극을 받습니다. 방이 어질러져 있으면 뇌는 끊임없이 그 어수선함에 반응하며 산만해집니다. 어질러진 공간에서 생활하는 아이는 단순히 방을 정리하지 못하는 것에 그치지 않고, 학교나 학원에서 배운 내용도 체계적으로 정리하지 못하는 경우가 많습니다. 공간이 뒤죽박죽이면 아이의 머릿속도 복잡해지고, 집중력이 떨어질 수밖에 없습니다. 물건을 찾느라 시간을 허비하고, 준비를 끝내지 못해 불안한 상태로 하루를 시작하게 됩니다.

또한 정리된 공간은 아이에게 심리적인 안정감을 줍니다. 어수선한 방은 아이에게 무의식적으로 혼란스러움을 주지만, 깔끔하게 정돈된 공간은 차분한 마음 상태를 유지하도록 돕습니다. 공간 정리는 단순한 청소가 아니라, 아이의 사고 흐름을 정리하고 효율적인 학습 습관을 만드는 중요한 과정입니다.

애쓰지 않아도
공부가 잘되는 방

아침마다 허둥지둥 준비물을 챙기는 아이가 있습니다. "엄마, 나 숙제랑 준비물 좀 챙겨 줘." 혹은 "혹시 내 만들기 숙제 본 적 있어? 분명히 어제까지만 해도 여기에 있었는데……."라고 말하며 여기저기 물건을 뒤지느라 등교 시간에 쫓깁니다. 결국 이런 아이는 자주 지각하게 되고, 첫 수업 전부터 일과가 꼬이기 시작합니다. 이런 허둥거림의 근본 원인은 단순히 시간이 부족해서가 아닙니다. 정리정돈이 되지 않은 환경에서 비롯된 문제입니다. 정리정돈이 부족한 아이는 자신이 배운 내용을 뒤죽박죽으로 보관하거나 잊어버리기 일쑤입니다. 물리적인 공간의 혼란이 머릿속 생각의 혼란으로 이어지는 것이죠.

   자기 방을 깔끔하게 정리하는 아이들은 등교하기 전날 필요한 준비물과 숙제를 미리 챙겨서 침대맡이나 책상 위에 두고 잠자리에 듭니다. 당연히 다음 날 허둥지둥할 이유가 없습니다. 정리된 공간에서는 뇌가 필요 없는 자극을 차단하고 중요한 일에 집중할 수 있는 환경을 제공합니다. 특히 공부방이 깔끔하게 정리되어 있다면 아이는 학습에 더욱 몰입합니다. 깨끗하고 잘 정돈된 공간에서 생활하는 아이들은 자연스럽게 머릿속 생각도 정리되고, 배운 내용을 체계화하는 습관이 형성됩니다. 공부를 잘하는 기본은 '습관'입니다. 단순한 말이지만 그 힘은 강력합니다. 정리정돈이 잘된 아이들은 학습 자료와 필기한 노트를 깔끔하게 분류하고, 숙제와 과제를 시간에 맞춰 제출합니다.

공간 정리와 자기 주도 학습의
단단한 연결고리

   공간 정리 습관을 가진 아이는 자기 주도 학습 능력도 높습니다.

자기 주도 학습은 단순히 주어진 과제를 수행하는 것을 넘어, 스스로 계획을 세우고 문제를 해결하는 능력을 의미합니다. 공간 정리를 통해 아이는 자신이 사용하는 물건과 자료를 스스로 관리하는 법을 배우며, 이를 학습에도 적용하게 됩니다.

예를 들어, 매일 책상과 방을 정리하는 아이는 학습 계획을 세우고 목표를 설정하는 과정에서도 자연스럽게 정리된 사고를 합니다. 반면에 공간 정리에 무심하면 학습 계획을 세울 때도 대충 넘어가거나 목표를 체계적으로 설정하지 못하는 경향이 있습니다. 공간을 잘 관리하는 능력은 곧 시간을 효율적으로 사용하는 능력과도 연결되며, 학습 성과로 이어집니다.

아이의 공간 정리 습관을 길러 주기 위해서는 무엇보다 부모의 역할이 중요합니다. 단순히 "방 좀 치워라!"라는 잔소리로는 정리 습관이 길러지지 않습니다. 대신 부모가 아이와 함께 공간을 정리하는 모습을 보이고, 정리의 필요성과 중요성을 이해시키는 노력이 필요합니다. 이때 정리하는 과정에서 부모와 아이가 함께 대화를 나누고, 아이가 스스로 공간을 관리하도록 격려하는 것이 중요합니다.

정리의 기준과 방법을 구체적으로 알려 주는 것도 필요합니다. 책은 주제별로 정리하고, 학습 도구는 사용 빈도에 따라 배치하는 식으로 정리 기준을 세워 주면 아이가 정리를 더 쉽게 받아들일 수 있습니다. 이 과정에서 아이는 문제를 구조화하고 체계적으로 해결하는 능력을 키우게 됩니다.

공부 잘하는 우등생은 무엇이 다를까?

공간 정리를 통해 아이들은 다음과 같은 긍정적인 습관을 익힐 수 있습니다.

▶ 계획성과 준비성

필요한 준비물을 전날 미리 챙기는 습관을 통해 아이들은 계획적으로 행동하게 됩니다. 이는 시험공부나 수행평가 준비와 같은 학습 활동에서도 자연스럽게 적용됩니다.

▶ 자기 통제력

물건을 제자리에 두는 작은 행동들이 반복되면서 아이들은 자기 통제력을 키우게 됩니다. 정리정돈 습관은 산만함을 줄이고, 중요한 일에 집중하는 힘을 길러 줍니다.

▶ 책임감

자신의 물건을 관리하고 정리하는 과정에서 아이들은 책임감을 배웁니다. 학교생활에서도 자신이 맡은 과제를 책임감 있게 수행하는 태도를 자연스럽게 익히게 됩니다.

공부를 잘하는 우등생은 무엇이 다를까요? 특별한 재능을 타고난 학생도 있지만, 대부분은 좋은 습관을 가진 아이들입니다. 그중에서도 정리정돈은 매우 중요한 학습 습관입니다. 자기 공간을 잘 정리하는 아이들은 공부를 시작하기 전 책상을 정리하고, 끝낸 후에는 책과 필기구를 제자리에 두는 습관을 몸에 익힙니다. 이런 작은 습관들이 쌓여 자기 주도 학습의 기반이 됩니다.

좋은 기억력은
정리력에서 시작된다

정리정돈을 잘하는 아이들이 공부를 더 잘한다는 것은 과학적으로 이미 입증된 사실입니다. 우리의 뇌는 단기기억과 장기기억으로 구분되는데, 하루에도 수많은 정보가 단기기억에 저장됩니다.

그러나 이 지식 중 일부만이 '정리'를 통해 장기기억으로 전환되지요. 장기기억으로 저장된 지식은 시험에서 문제 풀이를 할 때 큰 도움이 됩니다. 아무리 벼락치기를 해도 성적이 오르지 않는 이유는 단기기억에만 의존해 지식을 욱여넣기 때문입니다. 따라서 정리정돈 습관이 몸에 밴 아이들은 단기기억을 장기기억으로 효과적으로 재배치하는 능력을 키우게 됩니다.

학습 능력의 핵심은 배운 지식을 체계적으로 정리하는 데 있습니다. 아이들의 정리정돈 습관은 학습 습관에도 영향을 미치는데, 학교에서 배운 내용을 노트에 잘 정리하는 아이들은 성적이 좋을 수밖에 없습니다. 이는 단순히 IQ의 문제가 아닙니다.

IQ가 높아도 공부를 잘하지 못하는 이유는 정리정돈을 통해 배운 내용을 구조화하지 못하기 때문입니다. 최신 뇌과학 연구에 따르면, IQ보다 중요한 것은 '작업 기억 역량'입니다. 작업 기억(정보 처리 능력)이 뛰어나면 학업 성적이 높습니다. 고학년으로 올라갈수록 학교에서 배우는 내용은 복잡해지고, 뇌에서 처리해야 하는 정보의 양은 많아집니다. 단순히 암기가 아니라 배경지식을 응용하는 문제가 많아지고, 여러 가지 지식을 서로 연결해 풀어야 하는 고차원적인 학습을 하게 됩니다. 학업 성적은 머릿속에 저장된 정보를 얼마나 잘 분류하고 필요할 때 활용하는지에 달려 있습니다. 따라서 체계적인 정리와 기록 습관은 학습의 핵심 전략이자 성공 요소라고 할 수 있습니다.

공간 정리 기술은
곧 인생의 기술이 된다

공간 정리를 잘하는 아이들은 학습뿐만 아니라 전반적인 생활 태도에서도 긍정적인 변화를 보입니다. 이들은 단순히 공부에만 몰두하는 것이 아니라, 자신의 삶을 주도적으로 이끌어 가는 능력을 갖추게 됩니다.

정리정돈 습관이 몸에 밴 아이들은 문제 상황에서도 당황하지 않고 체계적으로 해결책을 찾아냅니다. 학습뿐만 아니라 사회적 관계, 일상생활에서도 중요한 역량으로 작용합니다.

부모가 대신 아이의 방을 정리해 주는 것은 일시적인 해결책에 불과합니다. 중요한 것은 아이가 스스로 정리의 필요성을 느끼고, 정리 과정을 통해 자신을 관리하는 방법을 배우는 것입니다.

정리정돈은 공부를 잘하기 위한 기본기입니다. 좋은 공간이 좋은 생각을 불러오고, 좋은 생각이 좋은 성과를 만듭니다. 아이의 방을 바꾸면, 아이의 습관이 바뀌고, 결국 아이의 삶도 변화합니다. 이 모든 것은 작은 정리정돈 습관에서 시작됩니다.

머리는 좋은데
성적이 안 나온다면?

정리정돈은 타고난 성격이나 유전적 요소가 아니라 후천적인 습관입니다. 일부 사람들은 "부모가 꼼꼼하니 자녀도 부모의 성격을 닮는다."라고 말하지만, 정리정돈은 지극히 후천적인 요소에 의해 형성됩니다. 이 습관은 부모의 교육과 환경에 따라 얼마든지 개선될 여지가 있기 때문입니다.

정리정돈 컨설팅을 통해 수많은 가정을 방문한 제 경험에 따르면, 학령기가 되기 전부터 정리정돈 습관을 들인 가정과 그렇지 않은 가정의 자녀들은 학습 태도와 능력에서 뚜렷한 차이를 보입니다. 유치원 시기부터 자기 방을 정리하기 시작한 아이는 중학교, 고등학교에 진학한 후에도 방을 깔끔하게 정리하고 배운 내용을 노트에 체계적으로 정리합니다. 이러한 아이들에게 "어떻게 그렇게 정리를 잘하게 되었나요?"라고 물으면 대부분 비슷한 답변을 합니다.

"어릴 때부터 습관이 되어서요."

모든 것은 습관에서 시작됩니다. "습관은 두 번째 천성이다."라는 키케로의 말처럼 정리정돈은 어릴 때부터 습관이 되어야 합니다. 아무리 머리가 좋은 아이라도 정리정돈 습관이 없다면 공부를 잘할 가능성은 낮습니다. 이는 무수한 경험을 통해 입증된 사실입니다. 정리정돈 컨설팅을 진행할 때면 많은 부모들이 하소연합니다.

"우리 아이는 머리는 좋은데, 노력한 만큼 성적이 나오지 않아요."

이때 아이의 방을 들여다보면 문제의 원인은 명확합니다. 휴지통은 가득 차 있고, 심지어 침대 위에도 문제집과 책이 옷가지와 뒤섞여 뒹굴고 있습니다. 책상은 학용품으로 어지럽혀져 있고, 바닥에는 문제 풀이 후 구겨 버린 종이가 널려 있습니다. 이런 환경에서 공부를 제대로 한다는 것이 오히려 이상한 일입니다.

정리 습관, 아이에게
1년만 투자하라!

정리정돈 습관을 들이기 위해서는 부모의 인내심과 지속적인 지도가 필요합니다. 단기적인 잔소리로는 절대 해결되지 않는다는 점을 명심하시길 바랍니다. 습관 형성에는 시간이 필요하며, 부모가 자녀와 함께 정리정돈을 실천하는 모습이 중요하기 때문입니다. 어느 시점에 아이에게 "이제 네가 혼자 해 보렴!"이라고 말할 수 있을까요? 부모들이 가장 궁금해하는 부분입니다. 제가 제안하는 방법은 아이에게 1년을 투자하라는 것입니다.

부모가 아이와 함께 1년 동안 사계절 옷과 장난감을 정리하며 함께 시간을 보내면 아이는 스스로 정리정돈을 할 수 있는 습관을 갖게 됩니다. 상담하다 보면 저는 부모들에게 항상 이렇게 조언합니다.

"1년만 참고 고생하면 이후가 편해요."

하지만 많은 부모가 한 달도 채 되지 않아 포기합니다.

"어휴, 같이 정리하다 보면 속 터져서 못하겠어요."

이런 반응이 대부분입니다. 처음 기대에 못 미치는 모습을 보면 "됐어, 내가 직접 할게!"라며 적당히 타협하게 됩니다. 그러나 이 시기를 잘 버텨야 합니다. 달력에 동그라미를 그려 두고 1년 후를 목표로 삼아 보세요. 매주 한 번씩 주말에 아이와 함께 정리정돈을 하는 습관을 들이는 겁니다. 눈을 딱 감고 1년 동안 정리 습관을 길러 주면, 아이의 학습 태도가 잡히고 성적이 놀랍도록 향상되는 것을 확인할 수 있습니다. 처음부터 완벽할 것이라는 욕심은 애초에 내려놓아야 합니다.

정리정돈 습관을 형성하는 방법은 다음과 같습니다.

▶ **어릴 때부터 정리정돈 생활화하기**

유치원 시기부터 자기 물건을 정리하는 습관을 길러 줍니다. 이는 단순한 방 청소가 아니라, 자신이 사용한 물건을 제자리에 두고, 필요한 물품을 스스로 관리하는 능력을 키우는 것입니다.

▶ **아이와 함께 정리정돈하기**

부모가 직접 자녀와 함께 정리정돈을 실천하며 모범을 보입니다. 아이가 혼자 하기 힘들어할 때, 부모가 도와주면서 왜 정리가 중요한지 설명해 주세요.

▶ **정리의 중요성을 지속적으로 강조하기**

정리정돈이 단순한 집안일이 아니라, 학습 능력과 직접적으로 연관이 있음을 자주 이야기해 줍니다. 아이가 스스로 정리정돈이 얼마나 중요한지 느낄 때 비로소 습관이 자리 잡습니다.

▶ **구체적인 정리 방법 지도하기**

노트 정리법, 교재 분류법, 공부 계획표 작성법 등 구체적인 정리 방법을 알려 주고 실습하게 합니다. 체계적인 정리는 학습 성취도를 높이는 중요한 요소가 됩니다.

저는 아이에게 학원 몇 개를 다니게 하는 것보다 정리정돈 습관을 길러 주는 것이 더 효과적이라고 강조합니다. 부모가 자녀와 함께 정리하는 시간을 갖고, 작은 변화에도 격려를 아끼지 않는다면 아이는 점차 정리를 생활화하게 됩니다.

정리정돈은 아이의 자기 주도성에 투자하는 시간입니다. 부모가 단기간의 편리함을 선택하지 않고, 아이와 함께 정리정돈을 생활화한다면, 아이는 부모의 관리가 줄어든 청소년기, 나아가 성인이 되어서도 스스로 정리하는 습관을 유지하게 될 것입니다. 사과를 따다 주는 것보다, 사과를 따는 법을 알려 주는 것이 평생 습관을 들이는 데 도움이 되지 않을까요?

정리정돈을 잘하는 아이가 공부도 잘합니다. 이는 수천 건의

교재와 학용품이 뒤섞여 있던 기존 책상.

정리 컨설팅을 통해 안정적으로 바뀐 삼 남매의 공부방.
셋째 아이는 분리 수면을 시작하며 새 방을 마련했다.

컨설팅 경험을 통해 얻은 확신입니다. 내 아이가 우등생이 되길 진심으로 바란다면, 지금부터라도 정리정돈 습관을 들이도록 도와주어야 합니다. 학부모들이 이 중요한 사실을 제대로 이해한다면, 자녀를 명문대에 보내는 일이 결코 꿈만은 아닐 것입니다.

**1년 후
이렇게 달라집니다**

초등학생 삼 남매 방을 컨설팅한 적이 있습니다. 삼 남매 중 남자 형제들의 방은 크게 어지럽지는 않았지만, 책상 위에 읽지 않는 책과 교재들이 뒤섞여 있어 정리가 필요했습니다. 물건들이 제자리를 찾지 못하다 보니 자연스럽게 공부에 집중하기 어려운 환경이 되었습니다. 아이들에게 더 나은 공부 환경을 제공하

정리 컨설팅 1년 후 형제가
관리하는 방.

PART 1 ◇ 집 안 풍경을 보면 아이의 미래가 보인다는 방향으로 컨설팅을 진행했습니다.

컨설팅이 끝난 후에도 정리 습관을 안착시키는 노력이 필요합니다. 삼 남매의 방은 컨설팅 이후 부모님의 꾸준한 노력과 아이들의 실천으로, 1년이 지난 지금도 스스로 정리하는 습관을 바탕으로 학습에 집중할 수 있는 깔끔한 상태를 유지하고 있습니다. 의뢰인은 아이들 눈높이에 맞는 정리 규칙을 만들었습니다. 아이들이 정리를 하지 않을 때마다 그 이유를 분석하고 해결책을 마련했던 거지요. 예를 들어, 양말 정리를 미루는 이유가 공용 공간을 사용하기 때문이라는 점을 발견해 각자의 이름을 적은 서랍을 마련해 주었습니다. 그러자 아이들은 자연스럽게 자신의 양말과 속옷을 스스로 찾아 입고 정리했습니다.

옷장 정리도 마찬가지였습니다. 처음에는 각자의 영역을 구분해 주었지만, 아이들이 헷갈려하며 서로의 옷이 섞이는 일이 자주 발생했습니다. 부모님은 각자의 옷걸이에 이름표를 부착하고 영역을 명확히 구분해 주었습니다. 이후 아이들이 스스로 마음에 드는 옷을 고르기도 하면서 "엄마, 내 옷 어디 있어요?"라는 질문도 사라졌습니다.

셋째는 부모와 분리 수면을 시작하는 시기였기에 정리 컨설팅에 맞는 자기만의 방을 갖게 되었습니다. 처음부터 아이에게 맞는 방과 정리정돈법을 연습했기 때문에 오빠들보다 더 뛰어난 정리 실력을 보여 주었습니다. 항상 깔끔한 환경을 유지하며 엄마와 함께 정리하는 시간을 주말마다 꼭 챙긴다고 합니다.

책상에 앉아 있는 시간을 가장 좋아하는 셋째.

'완벽함'보다
'꾸준함'을 목표로!

자녀에게 정리 습관을 들이는 과정에서 주의해야 할 점들이 있습니다. 때때로 부모님들은 정돈된 상태를 유지하도록 잔소리를 하곤 하는데, 아이들은 이를 마음껏 놀지 말라는 뜻으로 받아들입니다. 아이들은 놀이를 통해 발달하고 성장하는 존재이기 때문에 자유롭게 놀 수 있는 환경을 마련해 주어야 합니다. 소개 드린 삼 남매의 집에서도 놀 때 방을 실컷 어질러도 노는 시간이 끝나면 저녁 시간에는 꼭 스스로 정리하는 습관을 길러 주었습니다. '정리를 잘하는 아이의 방'은 24시간 내내 깔끔하게 정리된 상태는 아닙니다. 뒤에서 말씀드리겠지만 과도하게 깔끔한 방은 아이의 창의력이 자라나기 어렵습니다(178쪽 〈스킬 3_창의력을 키워 주고 싶다면 침대 머리맡에 책장은 금물〉 참조).

**애쓰지 않아도 되는
정리 시스템**

저의 경우, 아이들이 호기심을 자극하는 장난감을 꺼내 신나게 놀 수 있도록 하고 있습니다. 이때 중요한 것은, 여기저기 숨겨진 물건들을 찾지 않도록 체계적인 정리 시스템을 마련하는 것입니다. 예를 들어, 미술 놀이는 두 번째 서랍에 관련 용품을 모두 수납하고, 블록 놀이는 제일 아래 칸 서랍에 정리하며, 기타 장난감들은 각자의 구역을 정해 아이들이 스스로 찾아 사용하고 정리할 수 있도록 하는 것이 핵심입니다. 저는 상담에서 이렇게 '의지'보다는 '시스템'이 중요하다고 말합니다.

이처럼 올바른 정리 시스템과 부모님의 꾸준한 노력을 결합한다면, 1년 후 신나게 놀다가도 자연스럽게 스스로 정리하는 모습을 볼 수 있습니다. 정리 습관이 잡혀 갈수록 날카로운 잔소리 대신 칭찬과 격려를 건네기에 부모와 아이의 감정적인 마찰도 자연스레 줄어듭니다. 칭찬은 아이들에게 성취감을 주고, 자기 공간을 스스로 관리하는 능력을 키우는 데 큰 역할을 해 선순환이 시작됩니다. 제가 1년만 투자해 보라고 조언을 드리는 이유입니다.

아이가 정리정돈 습관을 들이지 못하는 이유

공간 정리 의뢰를 받은 고객의 집에 방문했을 때 가장 난감한 상황 중 하나는 식구들의 물건이 한데 섞여 있는 경우입니다. 예를 들어, 아이의 양말이나 옷을 아이 방에만 두지 않고 거실, 안방, 심지어 주방까지 흩어져 수납하는 경우가 많습니다. 이러한 상황은 아이의 정리정돈 습관을 형성하는 데 큰 장해물입니다.

**정리 원칙이 없는
집 안 환경이 문제다**

문제는 대부분 수납공간 부족과 정리 원칙의 부재에서 비롯됩니다. 많은 가정에서 아이의 옷과 물건을 보관할 공간이 부족해 집 안 곳곳에 나눠서 보관하는데, 문제는 체계적인 정리 기준이 없다는 점입니다. 아이는 자신의 물건이 어디에 있는지조차 모릅니다. 예를 들어, 부모는 계절이 바뀔 때마다 아이 옷을 찾아

3인 가구의 옷이 뒤죽박죽 섞인 상태로 드레스룸이 창고방으로 방치되고 말았다.

야 하고, 아이 역시 필요한 옷이 있으면 "엄마가 찾아 줄 거야!"라고 생각합니다. 아이는 자연스럽게 정리정돈에 무관심해지고, 자신이 사용하는 물건에 애착을 느끼지 못합니다. 정리정돈을 해야 한다는 생각 자체를 하지 않게 되면서 필요할 때마다 부모에게 의존하는 악순환이 반복됩니다.

부모는 아이가 정리정돈 습관을 들일 수 있도록 길잡이 역할을 해야 합니다. 단순히 "방 좀 치워라!"라고 잔소리하는 것이 아니라, 함께 정리하는 과정을 통해 아이가 정리의 필요성을 이해하도록 돕는 것이 중요합니다. 정리 방법을 구체적으로 알려 주고, 아이가 스스로 정리할 수 있도록 격려하는 것이 필요합니다.

**아이의 물건은
아이가 관리할 수 있도록**

아이 옷은 일찍부터 스스로 관리할 수 있게 공간을 지정하는 것이 좋습니다. 효율적인 수납 가구나 정리 도구를 활용하는 것도 좋습니다. 서랍, 수납 바구니 등을 활용하여 물건을 카테고리별로 정리하고 라벨을 붙여 주면, 아이가 스스로 물건을 찾아보고 정리하는 데 도움이 됩니다.

아이의 정리정돈 습관을 기르기 위해서는 전용 공간을 주고, 그 공간 안에서 자신의 물건을 관리할 수 있도록 해 주는 것이 중요합니다. 자주 사용하는 책, 장난감, 옷 등을 아이 방 안에 정리해 주고, 그 외의 물건들은 별도로 보관하되, 아이가 그 위치를 알고 필요할 때 스스로 찾을 수 있도록 합니다. 옷은 계절별로 나누어 보관하고, 자주 입는 옷은 손이 닿기 쉬운 곳에 수납하도록 지도합니다. 장난감과 학습 도구는 사용 빈도에 따라 구분하고, 사용한 후에는 반드시 제자리에 두도록 훈련합니다.

부모가 이렇게 지도해 주면, 아이는 자기 물건을 인지하고 스스로 관리할 수 있습니다. 부모가 물건을 정해진 장소에 정리해 주고, 그 위치를 명확히 알려 주면 점차 자신의 물건에 대한 책임감을 느끼게 됩니다.

- 자주 사용하는 책, 장난감, 옷은 아이방에 수납하기
- 서랍, 수납 바구니 라벨 붙여 주기
- 사용한 물건은 잠들기 전 제자리에 두기

한 아이 방에는
그 아이 물건만

특히 중요한 것은 아이가 사용하는 공간에 다른 가족 구성원의 물건이 섞이지 않도록 하는 것입니다. 형제가 여럿인 경우, 방을 따로 쓰게 되면 큰 방에 두 아이의 옷장을 함께 쓰거나, 가끔 쓰는 물건을 보관하는 경우가 있습니다. 이렇게 아이 방에 부모나 형제의 물건이 함께 놓여 있다면, 아이는 "이건 내 물건도 아닌데 왜?"라는 생각을 하며 억울해할 수 있습니다. 이런 상황이 반복되면 아이는 정리정돈에 흥미를 잃어버리고 손을 놔 버리게 됩니다. 따라서 아이가 사용하는 공간은 최대한 아이의 물건으로만 채우고 부족한 수납공간은 집 안의 다른 곳을 활용해 분산

아이 방에는 아이 물건만 정리하고(왼쪽),
수납공간이 부족하면 멀티룸을 만들어서(오른쪽) 공간을 활용하자.

시키는 것이 바람직합니다.

아이의 물건이 다른 가족의 물건과 섞여 있으면 아이는 정리의 필요성을 느끼지 못합니다. 반대로, 자신의 물건을 관리할 전용 공간이 주어지면, 아이는 정리정돈의 중요성을 자연스럽게 깨닫고 책임감을 갖게 됩니다. 아이 방에는 오롯이 아이 물건만 두세요.

수납공간 부족할 때
대안 마련하기

가장 좋은 해결책은 아이 방이나 놀이 공간 안에서 제 물건을 모두 관리할 수 있도록 해 주는 것이지만, 모든 가정이 아이 물건을 아이 방에 수납할 수 있는 충분한 공간을 갖추고 있는 것은 아닙니다. 이럴 경우, 아이의 물건을 다른 공간에 나눠서 배치할 수도 있습니다. 하지만 이때도 중요한 점은 아이가 자신의 물건이 어디에 있는지 알고, 필요할 때 쉽게 찾을 수 있도록 하는 것입니다. 예를 들어, 계절이 지난 옷은 별도의 공간에 보관하되, 그 위치를 아이와 함께 기록하고, 필요할 때 스스로 찾아갈 수 있도록 지도하는 것이 중요합니다.

대부분 팬트리나 베란다, 창고 같은 공간이 없는 집에서 보관용 짐을 수납할 공간이 마땅치 않아서 물건들이 섞이기 쉽습니다. 이때 방 하나를 멀티룸으로 활용하면 좋습니다. 수납장도 좋지만 오픈형 선반을 활용하길 권합니다. 오픈형 선반은 물건을

아이 책상과 책장 아래 수납공간을 마련해 보자. 아이가 작은 범위를 통제하며 정리 습관을 기를 수 있다.

한눈에 확인할 수 있어 아이가 필요한 물건을 쉽게 찾고, 재고 상태를 스스로 파악하는 데 큰 도움을 줍니다. 아이에게 자기 물건을 수납하도록 전용 공간을 주면 자연스럽게 자신의 물건을 정리하고 관리하는 습관을 들입니다. 특히 아직 방 전체를 정리하기 어려운 나이라면 애착 공간을 마련해 보며 좁은 공간부터 정리 습관을 들일 수 있습니다.

아이가 정리정돈 습관을 들이지 못하는 이유는 가정 내 공간 관리와 정리 원칙의 부재라고 말씀드렸습니다. 결론적으로 부모가 아이에게 전용 공간을 마련해 주고, 정리 방법을 가르쳐 주며, 스스로 관리할 수 있도록 돕는다면, 아이는 자연스럽게 정리정돈 습관을 형성하고 자기 주도 학습 능력까지 키울 수 있습니다.

정리정돈 습관은
몇 살부터?

"아이에게 정리정돈 습관을 언제부터 심어 주는 것이 좋을까요?"

이 질문은 많은 부모가 궁금해하는 주제 중 하나입니다. 상담을 하다 보면 부모들은 대개 "우리 아이는 아직 어려서 제가 대신 정리해요."라는 말을 자주 합니다. 실제로 컨설팅 경험상, 10명 중 7~8명은 아이들의 정리정돈을 대신 해 주는 경우였습니다. 왜 아이의 정리정돈을 대신 해 주느냐고 물으면 대개 이런 대답이 돌아옵니다.

"정리정돈을 하라고 얘기는 하죠. 하지만 아이가 하는 걸 보면 알잖아요. 기대만큼 깔끔하지 않으니까 그냥 제가 하는 게 마음이 편해요."

많은 부모가 자녀의 정리정돈 습관 형성을 포기하는 이유가 바로 여기에 있습니다. 부모의 눈높이에서 보면 아이의 정리 방식이 엉성하게 보일 수 있습니다. 하지만 중요한 것은 아이가 최선을 다해 정리했을 때 그 노력을 인정하고 격려해 주는 것입니다. 아이가 정리정돈을 잘하지 못한다고 지적하기보다는 부족한 부분을 함께 보완하고, 스스로 정리할 수 있도록 도와주는 것이 부모의 역할임을 명심해야 합니다.

정리정돈이
인지되는 나이

정리정돈 습관은 5세 전후, 즉 아이가 어린이집을 다닐 때부터 서서히 들이는 것이 좋습니다. 어린이집에서 아이들이 어떻게 생활하는지 모르는 부모가 많지만, 사실 어린이집에서는 정리정돈 교육이 중요한 부분을 차지합니다.

어린이집에서는 물품이 보관된 서랍장에 모두 사진을 붙여 둡니다. 아이들이 글자를 읽을 수 없기 때문에 장난감 서랍장마다 사진을 부착해 물건의 위치를 표시해 두죠. 아이들은 놀이 활동을 하다가 선생님이 "모두 제자리에 정리해 주세요."라고 말하면, 서랍장의 사진을 보고 장난감을 정리합니다. 어린이집의 시스템을 집에서도 적용하면 자연스럽게 집에서도 정리정돈이 익숙해집니다.

"우리 아이는 집에서 장난감 자동차를 타고 다녀요. 이런 경우는 어떻게 해야 할까요?"

어린이집의 수납 방식을 응용해서 아이 방을 꾸몄다.

　　가끔 부모들이 큰 장난감을 가지고 노는 아이의 정리정돈 방법에 대해 고민을 털어놓습니다. 이런 경우에는 복잡하게 생각할 필요 없이 거실 한쪽에 주차 공간을 테이프로 표시해 두고 거기에 장난감 자동차를 주차하도록 하면 됩니다. 이 방법은 아이들에게 재미를 줄 뿐만 아니라 정리정돈 습관을 자연스럽게 길러 주는 효과도 있습니다.

책장을 주차 공간으로 활용해 보자(왼쪽).
아이가 어릴 때는 어린이집처럼 서랍마다 라벨을 붙여서 정리해도 좋다(오른쪽).

정리정돈은 놀이처럼

집에서도 어린이집처럼 정리정돈을 하게 하려는 시도가 아이들에게 익숙하게 느껴지지 않을 수 있습니다. 어린이집에서는 시스템에 따라 정리정돈을 배우지만, 집에서는 자유로운 환경에서 해방감을 느끼기 때문이지요. 이런 상황에서는 부모가 일관되게 "집에서도 정리정돈은 중요하다."라는 인식을 심어 주는 것이 필요합니다.

이때 놀이처럼 접근하면 아이들은 부담을 느끼지 않고 정리를 즐기게 됩니다. 예를 들어, 다음과 같이 말할 수 있습니다.

"여기 있는 블록은 저쪽 서랍장이 집이네. 우리 같이 집을 찾아 주자."
"이 인형도 지금 졸려 보이네. 자기 집으로 보내 주자."

이처럼 놀이를 통해 정리정돈을 가르치면 아이는 정리를 하나의 재미있는 활동으로 인식합니다. 부모가 함께 정리하면서 아이에게 재미 요소를 제공하면 정리정돈은 귀찮은 일이 아니라 즐거운 시간이 됩니다.

양말 접기와 같은
간단한 활동으로 시작하라

정리정돈 습관을 형성하기 위해서는 아이들이 어릴 때부터 간단한 활동을 통해 정리를 연습하는 것이 중요합니다. 예를 들어, 5세 전후의 아이들에게 양말을 접는 법을 가르칠 때는 어른들처럼 완벽한 방법을 알려 주기보다는, 양말의 짝을 맞추어 제자리에 두는 습관을 심어 주는 것이 핵심입니다.

처음에 첫째 아이가 양말을 둥그렇게 말아 축구공처럼 만들어 놓았을 때, 저는 그걸 보고 웃으며 칭찬했습니다. 비록 양말이 깔끔하게 접히지는 않았지만, 그것 마저 기특하더라고요. 아이는 엄마와 함께하는 시간을 즐기며 양말 접기를 놀이로 인식했습니다. 이렇게 한두 번의 작은 성공 경험을 반복하면 아이는 점차 정리정돈을 생활화하게 됩니다.

부모가 정리정돈을 가르칠 때 가장 흔히 하는 실수는 지시형 접근을 하는 것입니다. 일단 다음과 같은 말투는 피해야 합니다.

"양말은 이렇게 정리해야지."

"네 속옷은 제자리에 넣어야지."

이런 지시형 태도는 아이에게 스트레스를 줄 수 있으며, 정리정돈을 공부처럼 어렵고 귀찮은 일로 느끼게 만듭니다. 아이가 스스로 정리정돈을 하도록 격려하려면 부모가 먼저 정리를 놀이처럼 접근해야 합니다. 놀이를 통해 배우는 과정에서 아이들은 정리정돈을 자연스럽게 습득하게 됩니다.

양말 접기를 놀이처럼 시작하면 자연스레 정리 습관을 익히게 된다.

부모의 인내심과
일관성이 중요하다

아이와 함께 정리정돈을 하려면 부모의 인내심이 필요합니다. 바쁜 일상 속에서 아이와 양말 접기나 장난감 정리를 함께하려면 시간과 노력이 들기 마련이지요. 하지만 부모가 꾸준히 아이와 함께 정리정돈을 하면, 아이는 점차 스스로 정리하는 습관을 가지게 됩니다.

주변 환경이
성격을 만든다

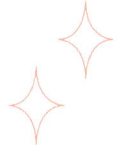

흔히 성격은 유전적으로 결정된다고 생각하지만, 아이의 성격은 주변 환경의 영향을 더 많이 받습니다. 태어나면서부터 아이는 외부 환경의 자극을 통해 행동과 사고방식을 형성해 나갑니다. 주변 환경이 아이에게 어떤 경험을 제공하느냐에 따라 아이의 성격과 행동 패턴이 달라질 수 있다는 의미이지요.

**정리된 환경이
아이의 자신감을 키운다**

애착 이론에 따르면, 아이는 일관적이고 안정적인 환경에서 애착을 형성하고, 이를 바탕으로 안정적인 성격을 발전시킵니다. 안정된 환경은 아이에게 세상에 대한 신뢰감을 심어 주며, 대인 관계에서도 자신감과 공감 능력을 키워 주는 중요한 요소로 작용합니다.

아이들은 환경 속에서 자신이 통제할 수 있는 경험을 통해 자기 조절력과 문제 해결 능력을 키웁니다. 질서 있는 환경에서 자란 아이는 자연스럽게 규칙을 배우게 됩니다. 책은 책장에, 옷은 옷장에, 놀이가 끝난 장난감은 제자리로 돌아간다는 일관된 경험을 통해 아이는 "내가 통제할 수 있는 세상이 있다."라고 믿게 됩니다. 이러한 경험은 충동적인 행동을 줄이고, 문제 상황에서도 침착하게 대처할 수 있는 자기 조절력을 길러 줍니다.

반대로 주변 환경이 무질서하면 아이는 쉽게 산만해집니다. 물건이 어디에 있는지 몰라 찾는 데 시간을 허비하고, 집중해야 할 순간에도 시각적 자극에 방해를 받습니다. 이러한 환경은 성격 형성 과정에서 인내심 부족과 집중력 결핍으로 이어질 수 있습니다.

자신의 물건이 제자리에 놓여 있고, 필요한 물건을 스스로 찾을 수 있는 경험은 자신감을 키워 줍니다. 이런 경험을 한 아이는 새로운 상황에서도 두려움 없이 도전하고, 스스로 문제를 해결하려는 태도가 몸에 배게 되지요. 단순히 물건을 정리하는 문제를 넘어 아이의 전반적인 삶의 태도와 연결됩니다.

아이는 집 안에서 부모의 행동을 모방하며 성격을 형성합니다. 아이가 정리정돈 습관을 들이기 위해서는 부모가 먼저 정리정돈을 생활화하고, 긍정적인 태도로 문제를 해결하는 모습을 보여야 합니다. 부모가 문제 상황을 침착하게 해결하고, 물건을 정리하는 과정을 즐기는 모습을 보인다면 아이도 자연스럽게 따라 배우게 됩니다.

누구나 나만의
안전지대가 필요하다

상담을 하다 보면 '공간 딜레마'에 빠진 가족을 만나곤 합니다.

"저희는 옷도 많고, 서재도 필요하고, 아이 방도 만들어 줘야 해요. 어떻게 하면 좋을까요?"

방은 3개뿐인데 드레스룸, 서재, 부부 침실과 아이 방까지 필요한 상황에서는 우선순위를 정하고 공간을 재배치하는 것이 중요합니다. 만약 학령기에 접어든 자녀가 있다면, 아이가 공부에 집중할 수 있도록 방 하나를 공부방으로 내어 주고, 드레스룸과 부모 서재의 기능을 결합한 멀티룸을 구성하는 것이 좋은 방법입니다.

간혹 아이의 방에 부모의 옷이 함께 보관되거나, 아이 방을 멀티룸으로 쓰는 경우가 있습니다. 이러한 방식은 자녀가 학업에 집중하기 어려운 환경을 만드니 유의해야 합니다. 아이가 공부하는 방에서 가족들이 수시로 문을 열고 들어와 물건을 가져가면 아이는 집중력을 유지하기 어렵습니다. 공간에 맞는 목적을 설정했다면 그 공간은 반드시 그 목적에만 사용되어야 한다는 점을 명심하세요.

성장 단계별
공간 구성법

아이의 연령에 따라 공간 사용 방식과 가구 배치 특성은 달라져야 합니다. 이는 자녀의 성장과 발달에 큰 영향을 미칩니다.

- **유아기**: 놀이 중심의 공간이 필요하며, 아이가 스스로 물건을 정리할 수 있도록 낮은 선반과 정리함을 활용하는 것이 좋습니다.
- **학령기**: 공부에 집중할 수 있는 독립된 공간이 필요하며, 조용하고 차분한 환경을 조성해야 합니다.
- **청소년기**: 개인 취향과 개성을 반영한 공간 구성으로 자율성을 존중해야 합니다.

자녀가 청소년기에 접어들었다면 성향과 관심사를 반영한 개인 공간을 꾸며 주어야 자존감과 안정된 성격 형성에 긍정적인 영향을 줄 수 있습니다. 아이의 성장과 발달 단계에 맞게 공간을 구성하고, 정리정돈 습관을 길러 주는 것은 부모가 자녀에게 줄 수 있는 최고의 선물 중 하나입니다. 공간은 단순한 물리적 장소가 아니라, 가족의 삶을 담는 그릇이라는 점을 항상 염두에 두어야 합니다.

거실에서 공부하는 아이 vs. 방에서 공부하는 아이, 최적의 환경은?

공간 정리에 대한 고객의 고민을 듣다 보면 2~3시간이 훌쩍 지나가기도 합니다. 집집마다 상황이 다르고, 무엇보다 수납공간을 일일이 파악하기 위해서는 그 공간을 사용하는 사람들의 생활 패턴과 생각을 깊이 이해해야 하기 때문이지요. 충분한 소통을 통해 가족의 필요와 우선순위를 명확히 파악하면 공간 배치의 성공 확률이 높아집니다.

여러 가정을 방문하며 컨설팅을 하면서 느낀 점은, 많은 이들의 바람이 대부분 비슷하다는 것입니다. 한정된 공간 안에서 어떻게 하면 가족 구성원의 다양한 요구를 충족시키고, 자녀가 학업에 집중할 환경을 어떻게 만들어 줄 것인가라는 질문으로 귀결됩니다. 단순히 공간을 채우는 것이 아니라, 목적과 생활 패턴을 고려한 맞춤형 설계가 필수적이지요.

공부가 잘되는 학습 환경이란 결국 아이의 기질에 맞는 환경입니다. 부모가 같아도 형제자매가 서로 성격이 다르듯이 아이에게 맞는 방도 하나의 정답보다는 해답을 찾아가야 합니다.

STEP 1. 아이의 생활 패턴과
성향을 파악하라

공간의 목적을 설정한 다음 부모가 파악해야 할 것은 자녀의 생활 패턴입니다. 어느 날 갑자기 집을 정리한다면서 "너는 취향이 어떻게 되니?"라고 물으면 서로 어색하게 느껴질 수도 있습니다. 하지만 자녀의 의견을 묻는 과정을 어렵게 느끼지 마세요. 가구를 배치하거나 새로 구입할 때 자녀의 취향을 존중하고 선호를 묻는 것만으로도 충분하니까요. 부모들이 자주 하는 실수 중 하나는 자녀의 의견을 묻기보다 자신의 기준을 강요하는 것입니다.

"너희 학교 반장 아이는 이런 책상을 쓴다더라."
"엄마가 좋은 책상을 샀으니 공부 열심히 해."

이런 말들은 자녀를 위하는 것처럼 보이지만, 사실 부모의 취향을 강요하는 것에 불과합니다. 아이의 취향을 존중한다는 것은 아이에게 "어떤 책상이 필요하니?"라고 물어보고, 책상을 구매할 때 함께 가서 여러 가지 책상을 비교하고 선택하도록 하는 데 있습니다.

아이와 함께 책상을 보러 가면, 부모는 다양한 디자인과 기능을 가진 책상에 놀라게 됩니다. 독서실 책상처럼 막힌 형태부터 개방감 있는 책상까지 아이의 취향에 맞는 선택지가 많기 때문이지요. 이때 부모가 해야 할 일은, 아이가 고른 책상이 체형에 맞는지 확인하면서 적절한 선택을 할 수 있도록 도와주는 것입니다.

아이 둘이서 방 하나를 사용할 때 가운데 파티션을 활용하여 배치를 해 주면 집중력이 훨씬 높아진다.

벽에 붙여서 책상을 두는 경우가 많은데, 답답하고 막힌 걸 싫어하는 아이들의 경우 이처럼 개방감 있게 의자를 책장이나 벽 또는 창가를 등지게 배치하면 좋다.

STEP 2. 장난감은 무조건 한 영역에 정리하라

큰 공간의 배치가 끝났다면, 이제 작은 물건들을 정리할 차례입니다. 특히 어린아이가 있는 집에서 가장 큰 고민은 장난감 정리입니다. 장난감은 종류가 많고 부피가 큰 경우가 많아 일찍부터 정리 습관을 들이지 않으면 집 안 곳곳에 흩어지게 됩니다.

장난감은 무조건 한 영역에 정리하는 것이 중요합니다. 거실이면 거실, 놀이방이면 놀이방 등 특정 공간에서만 장난감을 가지고 놀도록 해야 합니다. 그렇지 않으면 아이가 장난감을 가지고 집 안 곳곳을 돌아다니며 놀고, 금세 집 안은 정리정돈이 불가능한 상태가 될 것입니다.

투명한 수납함을 활용하면 아이가 원하는 장난감을 스스로 찾는 데에 효과적이다.

STEP 3. 책은
집안 곳곳에 노출하라

요즘 많은 부모가 자녀의 독서 습관을 길러 주기 위해 다양한 책을 구비해 둡니다. 책은 장난감과는 반대로 집 안 곳곳에 노출시켜야 합니다. 중요한 점은 작은 책장을 여러 개 활용해 아이가 '책장에서 책을 꺼내서 읽는다.'라는 경험을 하도록 만드는 것입니다. 책 표지가 잘 보이는 전면 책장과 회전형 책장을 추천합니다. 회전 책장을 추천하는 이유는 아이가 책장을 돌리며 책을 고르는 재미를 느낄 수 있기 때문입니다. 책 읽기를 싫어하는 아이라면 거실에 회전형 책장을 배치해 책 읽기를 놀이처럼 접근하는 것도 좋은 방법입니다.

공부방이나 책상에서만 책을 읽을 필요는 없다. 거실에 회전형 책장을 배치하고 자주 바꿔 주면 즐겁게 책을 고를 수 있다.

책을 소파 위, 거실 탁자 위 등에 방치하면 아이의 독서 성향도 그야말로 '잡식'이 됩니다. 그러므로 책은 거실에서 읽으면 좋은 책, 방에서 조용히 읽어야 하는 책 등 용도에 따라 나눠 배치합니다. 공간에 구애받지 않고 자유롭게 책을 읽는 성향의 아이라면 거실이나 주방에도 작은 책장을 두는 것이 좋습니다.

저는 아이들이 밥을 먹고 나서 읽는 책, 씻기 전에 읽는 책, 자기 전에 읽는 책 등 용도에 맞게 책장을 집 안 곳곳에 배치하는 편입니다. 책은 최대한 많이 노출시키되, 공간에 맞게 책장을 함께 구성하는 것이 중요하다는 것을 잊지 마세요.

STEP 4. 소파나 책장으로
거실 구획을 나누어라

거실이 아이의 공간으로만 사용되면, 정리 범위가 넓어져 부모

부모와 아이 물건이 혼재되어 휴식을 방해하던 거실. 노란색 소파를 거실 중앙으로 옮기고, 그 뒤쪽은 아이만의 공간, 앞쪽은 부부만의 휴식 공간으로 분리했다.

도 정리가 어려워지고 아이도 스스로 관리하기 힘듭니다. 이럴 때 소파나 책장을 가운데에 두어 공간을 나누면, 앞쪽은 부모의 휴식 공간, 뒤쪽은 아이의 놀이 공간으로 구분할 수 있습니다. 이러한 구획은 아이에게 안정감을 주고, 정리 습관을 형성하는 데도 도움이 됩니다.

정리의 핵심은
공간 배치에 있다

아이 방을 정리할 때 핵심은 공간 배치에 있습니다. 똑같은 가구라도 배치에 따라 집 안 분위기가 확 달라질 수 있기 때문입니다. 컨설팅을 할 때마다 고객에게 항상 강조하는 말이 있습니다.

"고객님, 가구보다 중요한 것은 공간입니다. 공간 활용에 대한 시야를 넓혀 보세요."

거실이 좁다면 좁은 공간을 최대한 활용하는 가구를 사용하는 것이 좋습니다. 방 하나를 넓게 사용하는 것보다, 가운데에 낮은 책장이나 교구장을 두어 공간을 분리하면 활용도가 높습니다. 한쪽은 놀이 공간, 다른 한쪽은 독서 공간으로 구분하여 집중력을 높이고 관리하기 쉽게 만드는 것을 추천합니다.

넓은 방은 낮은 책장이나 교구장을 활용하여 공간을 분리해 주면 좋다. 한쪽은 놀이 공간, 다른 쪽은 독서 공간으로 만들어 구분해 주었다.

아이의 성향과 나이에 맞춘 공간 활용 방법

자녀의 나이에 따라서도 방의 목적은 달라질 수 있습니다. 아이가 초등학교 고학년에 접어들면 부모들이 자주 하는 고민 중 하나는 "우리 아이는 자기 방이 있는데도 왜 굳이 카페에 가서 공부할까요?"입니다. 이런 아이들은 대체로 답답한 공간을 싫어하는 성향일 가능성이 큽니다. 부모가 정성껏 꾸며 준 방이라도 아이의 성향에 맞지 않으면 아이는 그 공간을 활용하지 않습니다. 속상할 수 있지만, 이는 아이의 성향을 고려하지 않고 무조건 공부방을 꾸민 부모의 실수입니다.

방에서 공부하는 걸 답답해하는 아이는 거실을 카페 분위기로 조성해 공부 공간으로 만들어 주는 것이 효과적입니다. 큰 책상과 편안한 의자, 조명을 활용해 거실을 카페처럼 꾸며 주면 아이가 더 편안하게 공부할 수 있습니다. 주의할 점은 아이가 집중력을 유지할 수 있도록 책상에 앉았을 때 정면으로 보이는 시야

언뜻 보면 서재형 거실로 보이지만 아이의 집중력이 분산되는 소품과 가구가 꽉 차 있다.

집중력을 높이는 서재형 거실로 변신했다.

를 깔끔하게 두어야 한다는 것입니다.

놀이방이나 공부방을 꾸밀 때는 아이의 성향과 나이에 따라 공간을 어떻게 활용할지 잘 판단해야 합니다. 아이가 책상에 오래 앉아 있지 못한다면, 서서 공부할 수 있는 스탠딩 책상을 제공하거나, 휴식을 취할 수 있는 쿠션을 함께 배치하는 것도 좋은 방법입니다.

자녀에게 집중할 수 있는 환경을 만들어 주고 싶다면, 먼저 아이의 성향을 파악하고 그에 맞는 공간을 제공하는 것이 중요합니다. 단순히 방을 정리하고 책상을 배치하는 것만으로는 부족합니다. 아이가 공간에서 편안함을 느끼고, 스스로 정리할 수 있도록 돕는 것이 핵심임을 잊지 마세요.

공간 마법사의 핵심 ✦ TIP ①

25평 은호네: 거실이 독서실이 되면 행복할까?

거실은 원래 가족들이 모여 대화를 나누고, 함께 TV를 보며 쉬는 공간입니다. 그런데 거실이 사무실이나 독서실처럼 변해 버린다면, 가족들의 삶의 질은 크게 떨어질 수 있습니다. 은호네는 그런 대표적인 사례였습니다.

**거실이 사무실이 되었는데,
어떻게 해야 할까요?**

은호네 집에 처음 방문했을 때, 저는 문을 열고 들어가자마자 깜짝 놀랐습니다. 25평 남짓한 작은 집의 거실이 마치 독서실 겸 사무실처럼 변해 있었기 때문입니다. 자녀 세 명의 책상이 거실에 일렬로 놓여 있었고, 엄마 역시 그 옆에 작은 책상을 두고 일을 하고 있었습니다. 누가 봐도 이 집은 가정집이 아니라 작은 공부방처럼 보였습니다.

　엄마는 낮에는 재택을 하며 자녀들의 공부를 지도하고 있었는데, 은호는 초등학교 고학년으로 집중력이 필요한 시기였습니다. 하지만 쌍둥이 동생들은 활동적인 성향이라 거실에서 자

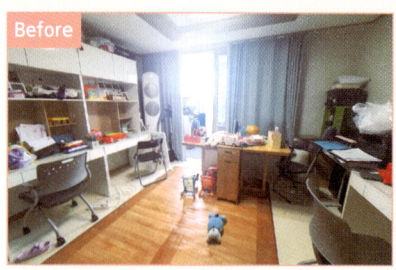

작은 거실에 온 가족의 책상이 나와 있어 거실이 마치 사무실처럼 보인다.

주 장난치다 보니 은호는 집중할 수 없었습니다. "엄마, 제발 저만이라도 방을 따로 주세요!" 은호는 엄마에게 간절히 부탁했지만, 엄마는 방이 작아서 어쩔 수 없다며 거실에서 아이들을 지도하길 고집했습니다.

이런 환경은 단순히 은호의 학습 효율을 떨어뜨리는 것을 넘어 가족 간 갈등의 원인이 되고 있었습니다.

왜 거실은 온전히 거실이어야 하는가?

문제를 해결하기 위해 우선 거실의 역할을 다시 정의했습니다. 거실은 가족이 함께 시간을 보내고, 심리적 안정감을 느끼며, 대화를 나눌 수 있는 공용 공간으로 구성해야 합니다. 사회심리학에서는 거실을 가족의 정서적 유대감을 형성하는 공간으로 정의합니다. 그런데 거실이 독서실처럼 변하면서 은호네 가족 구성원들은 휴식 공간을 잃었습니다.

그렇다고 기대한 바대로 공부에 몰입할 수도 없었습니다. 엄마는 "아이들 방마다 책상을 놓고 관리하기 어려워 한곳에 모아 둔 게 더 편리할 거라고 생각했다."라고 설명했습니다. 처음에는 거실에 책상을 배치한 덕분에 엄마가 아이들의 공부를 바로바로 봐줄 수 있어 좋아 보였습니다. 시간이 지나자 이 구조가 아이들의 다툼을 유발하기 시작했습니다. 가장 큰 문제는 각자 성향과 나이가 다른 아이들이 한 공간에 몰려 있다는 점이었습니다. 쌍둥이 둘째와 셋째는 활달한 성격이었습니다. 은호는 동생들이 시끄러워서 공부에 집중하지 못했고, 엄마는 아이들을 중재하느라 스트레스가 늘어 갔습니다. 결국 거실은 가족 모두에게 부담스러운 공간이 되고 말았습니다.

거실을 다시
거실답게!

먼저 거실을 본래의 역할로 되돌리는 것이 중요했습니다. 책상

경직된 사무실 같은 거실에서 가족 모두 편하게 쉴 수 있는 거실로 변신.

을 거실로 모아 두면 엄마가 편하게 돌볼 수 있을 것처럼 보였지만, 결국 아이들에게는 방해 요소로 작용했습니다. 거실은 가족이 함께하는 공용 공간으로, 아이들 방은 각자의 집중과 휴식을 위한 개인 공간으로 구성해야 했습니다. 기존의 공부 중심 거실에서 벗어나, 가족들이 함께 쉴 수 있는 휴식형 거실로 재구성했습니다.

거실 중심에는 쿠션과 작은 테이블을 놓아 가족이 자연스럽게 모이고 대화할 수 있는 구조로 만들었습니다. 테이블과 작은 책장을 거실 한쪽에 배치해 가족 모두가 쉽게 책을 꺼내 볼 수 있도록 했습니다.

은호 엄마는 재택을 병행하며 아이들을 돌보고 있었기 때문에 작업 공간도 필요했습니다. 거실 한쪽에 작은 파티션을 설치해 독립된 작업 공간을 마련했습니다. 이렇게 하면 엄마는 작업을 하면서도 가족들과 공간을 공유할 수 있고, 작업과 휴식의 균형을 맞출 수 있습니다. 거실은 엄마와 아이들이 함께 독서를 즐기는 열린 공간으로 바뀌었습니다.

따라서 거실에 몰려 있던 책상은 아이들 방으로 이동했습니다. 은호는 독립적인 공간을 갖게 되었고, 쌍둥이도 함께 쓰는 방에서 각자의 영역을 누리게 되었습니다.

"자녀 방이 꼭 필요한가요?"

컨설팅을 하다 보면 이런 질문을 하는 부모들이 있습니다.

개인 방을 마련하는 이유는 사춘기 자녀의 정리정돈 습관을 들이는 것에만 그치지 않습니다. 에릭 에릭슨(Erik Humbeger Erikson)의 심리사회 발달 단계 이론에 따르면, 사춘기 자녀는 "나는 누구인가, 나는 무엇이 될 수 있는가?"라는 질문을 시작합니다. 이때 자율성과 정체성을 형성하기 위해 개인 공간과 독립성이 꼭 필요합니다. 아이에게 독립된 공간을 제공하면 가족 간 갈등이 줄어드는 효과도 있습니다.

**TV를 거실로
옮긴 이유**

TV를 거실로 옮기는 것도 큰 변화였습니다. TV를 은호 방에서 거실로 옮기고, 가족 모두가 함께 볼 수 있도록 배치했습니다. 엄마는 아이들이 TV를 더 많이 볼까 걱정했지만, TV를 거실로 옮기고 가족이 함께 TV를 보는 시간을 정하면서 오히려 긍정적인 변화가 일어났습니다.

아이들은 더는 좁은 방에서 몰래 TV를 보지 않았고, 거실에서 가족과 함께 프로그램을 시청하며 대화를 나누는 시간이 늘어났습니다. 온 가족이 함께 다큐멘터리를 시청한 뒤 느낀 점을 이야기하거나, 영화 감상 후에 캐릭터와 줄거리에 대해 토론하는 등 가족 간 소통의 매개체가 생겼습니다.

독립적인 성향에 맞춰 공부 집중력을 올릴 수 있도록 은호 방에 TV를 치우고 책상을 배치했다.

쌍둥이들이
싸움을 멈추다

쌍둥이 자매가 사용하는 방에는 비효율적으로 큰 옷장을 치우고, 공간을 적게 차지하면서도 더 많은 옷을 걸 수 있는 2단 행거를 배치해 여유 공간을 확보했습니다. 침대와 책상을 벽 쪽으로 붙여 방을 침실 겸 공부방으로 효율적으로 활용하도록 했습니다. 특히 아이들 각자의 취향을 반영해 방의 색감과 소품을 조정했더니 아이들은 "우리 방이 더 좋아졌어요!"라며 만족감을 보였습니다.

기존 쌍둥이 방은 각자의 영역이 명확히 구분되지 않았습니다. 이를 해결하기 위해 침대와 책상을 반대 방향으로 배치했습

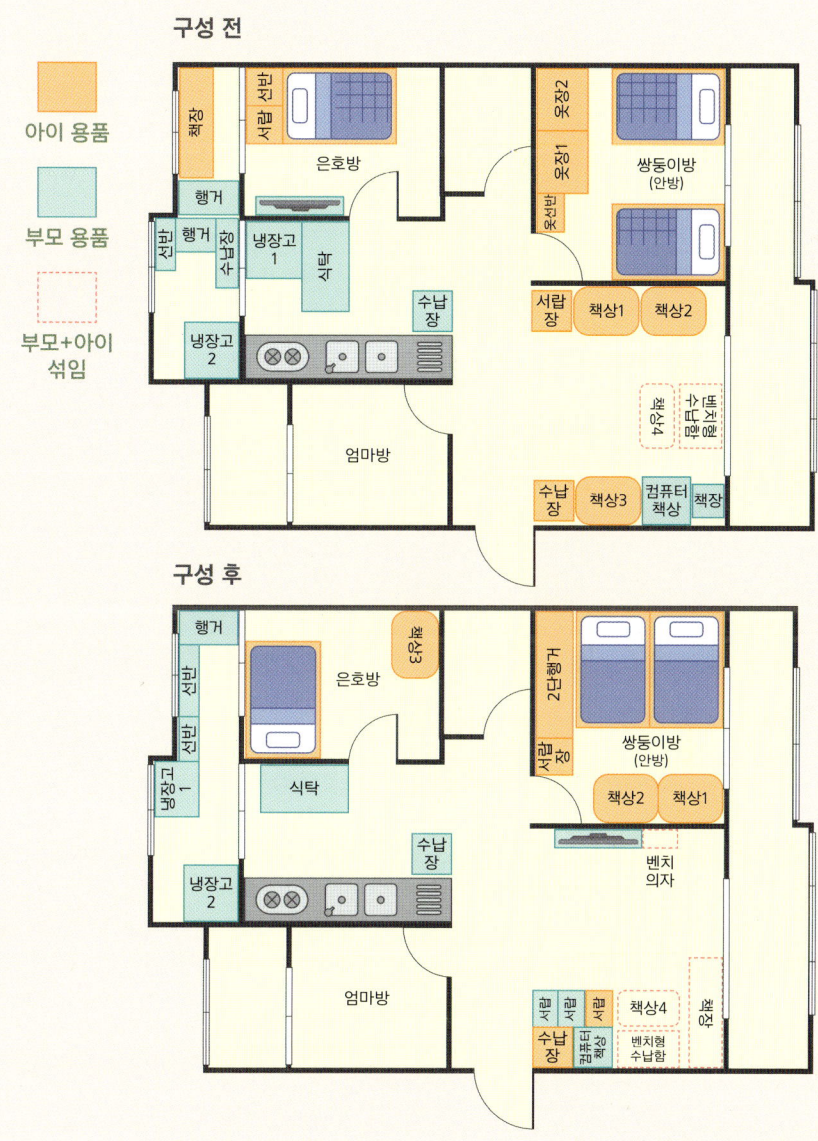

니다. 책상을 서로 마주 보지 않도록 배치하면 시선이 분산되지 않고 몰입하기도 쉬워집니다. 각자 책상 위에 자신만의 소품을 놓아 개인 공간의 소중함을 느끼게 했습니다. 이후 쌍둥이는 서로의 공간을 침범하지 않으며, 자연스럽게 다툼도 줄어들었습니다.

공간의 목적에 맞는 적절한 배치

공간 재구성 이후 은호는 집중해서 공부할 수 있는 환경을 얻었고, 동생들과 갈등이 크게 줄었습니다. 엄마는 거실에 독립된 작업 공간을 가지면서도 가족들과 연결감을 유지할 수 있었습니다. 거실은 가족 모두가 편안하게 모여 대화를 나누고, 함께 쉴 수 있는 공간이 되었습니다.

은호네 공간 재배치로 공간의 목적을 다시 생각할 수 있습니다. 거실은 단순히 물리적인 공간이 아니라, 가족의 정서적 유대와 소통의 중심이며, 가족이 함께 머무르며 행복을 느끼는 장소입니다. 효율적으로 구성된 거실은 대화와 휴식을 위한 공간이자 가족이 함께하는 추억의 장이 됩니다.

공부와 작업은 각자의 방에서, 거실은 온전히 가족이 함께 시간을 보내는 공간으로 사용하는 것이 구성원 모두의 행복 지수를 높이는 비결입니다. 오늘부터 우리 집 공간을 다시 살펴보세요. 가구 배치와 공간의 역할이 목적에 맞는지, 구성원 모두에게 편안함과 소통의 기회를 주고 있는지 고민해 보세요. 작은 변화가 큰 행복을 가져올 수 있습니다.

공간 마법사의 핵심 ✦ TIP ②

19평 재인이네:
자녀의 성향에 따른 공간 배치 솔루션

재인이네 집은 19평 규모의 비교적 작은 집입니다. 중학생 아들(재인, 재형)과 부부, 4인 가족이 방이 2개인 집에 삽니다. 맞벌이하는 부부는 시간이 없어 물건을 제때 버리지 못하고 집 안 곳곳에 짐을 쌓아 두는 스타일이었습니다. 이런 집의 경우 독특한 특징이 있는데, 내부를 둘러보면 어렸을 때부터 지금까지 아이들의 '역사(?)'를 한눈에 알 수 있다는 점입니다. 보통 영유아기 때 사용한 전집이나 장난감, 초등학교 때 사용한 학용품이 그대로 남아 있습니다. 최근 이사를 한 재인이 엄마는 이참에 공간 배치를 통해 두 아이의 방 정리 습관을 새롭게 만들어 주고 싶었습니다.

**창고 같은 방에서
편안한 방으로**

두 아이는 어릴 때부터 방을 정리하는 습관이 전혀 잡히지 않았습니다. 엄마는 재인이에게 스스로 방을 청소하고 물건을 정리하도록 타일렀지만, 재인이는 잔소리로 받아들이고 오히려 보

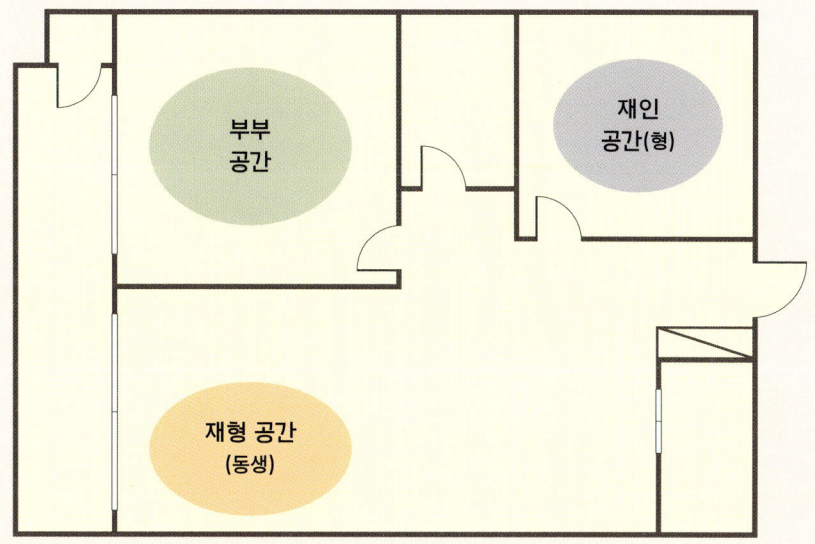

4인 가구 재인이네 집

란 듯이 방 청소를 하지 않았습니다. 정리정돈은 단순히 물건을 치우는 것이 아니라, 중구난방으로 어질러진 상태를 먼저 파악하고 청소하는 것부터 시작해야 합니다. 문제는 시간이 지날수록 물건이 쌓이면서 정리할 엄두가 나지 않는다는 점입니다. 정리정돈을 하지 않은 집에서는 아이들도 자연스럽게 정리 습관을 배우지 못합니다.

중학생 남자아이 둘을 키우면서 청소 습관을 가르치는 일은 너무나 어렵습니다. 먼저 연령대와 생활습관, 성향을 바탕으로 공간 구성을 시작했습니다. 먼저 독립적 성향의 중학생 재인이에게 필요한 공간(침대, 장롱, 책상, 책장)을 완성하는 것을 목표로 설정하고 주어진 공간에 효율적인 크기의 가구를 세팅합니다. 이때 아이가 스스로 정리할 수 있는 물건만 남기는 것이 좋습니다. 정리 컨설팅을 할 때, 저는 "다 버리세요."라고 솔루션을 내리지 않습니다. 하지만 정리정돈 습관이 잡혀 있지 않은 청소년기 자녀의 방, 더구나 부모가 평소 관리를 해 주지 못했던 공간이라면 대대적인 청소가 필요합니다. 어릴 적 부모가 사 준 물건들이 쌓여 가득찬 방, 어떤 물건이 어디에, 왜 있는지도 모르는 방은 아이의 생활이나 학습 효율에 도움이 되지 않습니다. 무엇보다 내 공간이라는 인식이 결여됩니다. 이 경우 공간에 책임감을 느끼지 못해 정리 습관의 형성이 어려울 수밖에 없습니다. 정리정돈이란 이렇게 중구난방으로 어질러진 집을 사용자에 맞춰 구성하고 청소하는 것부터 시작됩니다.

물건이 가득해서 창고 같은 재인이 방.

재인이 방 정리 전과 후.

성향이 다른
두 자녀의 공간 배치

두 아이가 있는 집에서 흔히 하는 고민 중 하나는 '성향이 서로 다른 자녀가 각자의 공간을 잘 정리하고 사용할 수 있도록 어떻게 하면 좋을까?' 하는 것입니다. 재인이 엄마는 성향이 정반대인 두 아이가 각자의 공간에서 싸우지 않고 평화롭게 생활하기를 원했습니다.

"아이들 성향은 어때요? 활발한가요, 아니면 내성적인 편인가요?"
"둘째 재형이는 상당히 활달하고, 첫째 재인이는 혼자만의 시간이 필요한 예민한 아이예요."

보통 자녀가 둘 있는 집에서는 부모와 상담하며 아이의 성향을 먼저 파악합니다. 첫째는 독립적인 성향으로 혼자 있는 것을 좋아했지만, 둘째는 활발하고 애교가 많으며 개방적인 성향이었습니다. 가끔 부모들은 아들이 또래보다 섬세한 성향일 때 당황하기도 하지만, 이는 지극히 정상적인 개인의 특성일 뿐입니다. 중요한 것은 아이의 성향을 파악하고 맞춤형 공간을 제공하는 데 있습니다.

독립성과 개방성을
모두 고려한 공간

독립적인 성향의 큰아이 재인이에게는 방 하나를 온전히 내어주고, 개방적인 둘째 재형이를 위해 거실 한쪽에 탁 트인 공간을 마련하는 것이 좋겠다고 판단했습니다. 좁은 집에서는 가구 배

파티션은 외출할 때는 열어 두고 침대에서 휴식할 때는 닫아 놓는 것이 좋다.

치와 공간 활용이 매우 중요합니다. 저는 일부러 상담 시에 도면을 가지고 가서 집의 구조를 최대한 활용하며 설계했습니다.

좁은 공간에서는 파티션을 활용해 공간을 구분하는 것이 효과적입니다. 파티션은 시각적인 구분을 만들어 줄 뿐만 아니라, 필요에 따라 여닫을 수 있어 실용적입니다. 만약 방이 두 개밖에 없는 집에서 형제가 한 방을 함께 사용해야 한다면, 아이들의 성향에 따라 옵션을 선택할 수 있습니다.

- **자녀 둘이 친한 경우**: 방을 함께 사용해도 문제없습니다.
- **자녀 둘의 성향이 다른 경우**: 개방감을 좋아하는 아이에게 거실 공간을 제공하고, 혼자 있는 것을 선호하는 아이에게 방을 내어 줍니다.

공간 마법사의 핵심 ✦ TIP ③

부모의 정리 습관
자가 진단 체크리스트

나는 아이에게 정리정돈 습관을 들이도록 모범을 보이는 부모일까요? 다음 체크리스트를 통해 스스로 점검해 봅시다.

물건을 사용한 후 항상 제자리에 돌려놓는다.	
아이에게 정리의 중요성에 대해 일관되게 설명해 준다.	
아이가 본받을 만한 정리정돈 습관을 지니고 있다.	
아이의 정리를 도와줄 때 긍정적이고 인내심 있는 태도로 임한다.	
정리정돈에 대한 아이의 노력을 칭찬하고 격려한다.	
아이가 스스로 정리할 수 있도록 충분한 공간과 도구를 제공한다.	
정리정돈에 있어 아이에게 명확한 기대치와 지침을 제시한다.	
아이의 정리 습관을 꾸준히 관찰하고 필요한 피드백을 제공한다.	
아이가 혼란스러워하지 않도록 집 안의 정리정돈 규칙을 일정하게 한다.	
아이가 본인의 소유물을 책임지고 정리하도록 격려한다.	
아이에게 물건 정리의 결정적 기준에 대해 가르친다.	
아이가 정리할 때 실수하더라도 부정적으로 대하지 않고 참을성 있게 도와준다.	

▶ 10개 이상

당신은 정리정돈의 모범이 되는 부모입니다. 아이도 당신을 따라 스스로 정리하고 있을 가능성이 높아요. 이제는 아이의 성향과 나이에 맞는 맞춤형 정리법을 함께 고민해 보세요. 또한 아이가 자기 공간을 스스로 구성할 기회도 조금씩 열어 줄 시점이에요.

▶ 5개 이상

정리의 중요성을 알고 있고, 어느 정도 실천도 하지만 일관성이 부족할 수 있어요. 아이도 눈치가 빠르기 때문에 부모의 태도 변화에 민감하게 반응합니다. 가장 먼저 할 일은 부모가 정리를 '말'보다 '행동'으로 보여 주는 것!

▶ 3개 이상

기본 개념은 알고 있지만 실천이 어려운 단계예요. 정리정돈은 부모도 '습관'으로 만들어야 가능한 일입니다. 먼저 부모 스스로 '정리 루틴'을 만드는 것부터 시작해 보세요.

아이와 부모가 함께하는 공간 정리 Q&A
정리 습관 편

Q1 정리 습관 | 아이가 스스로 정리하도록 만드는 핵심 방법은?

A 아이가 스스로 정리하는 습관을 들이려면 쉽고, 재미있고, 지속 가능한 시스템이 필요합니다.

① 아이의 눈높이에 맞춘 정리 시스템을 구축하세요. 색깔 라벨, 그림 카드, 투명 정리함 등을 활용하면 아이가 쉽게 이해하고 정리할 수 있습니다.

② '정리 타이머 놀이'처럼 재미있는 요소를 추가하세요. 정리를 놀이처럼 접근하면 아이가 부담 없이 참여하게 됩니다.

③ 부모가 먼저 정리하는 모습을 보여 주세요. 아이들은 부모의 행동을 보고 배우므로, 정리를 생활화하는 모습을 자연스럽게 보여 주는 것이 중요합니다.

Q2 거부감 해결 | 정리를 싫어하는 아이, 어떻게 유도할까?

A 정리를 싫어하는 아이는 정리를 '귀찮고 어렵다.'라고 느낄 가능성이 큽니다.

① 정리를 강요하기보다, 아이가 좋아하는 음악을 틀어 '정리 댄스 타임'을 만들어 보세요. 신나는 음악과 함께 몸을 움직이며 정리하면 아이가 정리를 지루한 일이 아니라 즐거운 활동으로 인식하게 됩니다.

② 정리를 끝낸 후 성취감을 느낄 수 있도록 즉시 칭찬해 주세요. 작은 성공을 반복 경험하면 정리에 대한 거부감이 줄어듭니다.

③ 정리하기 쉬운 환경을 조성하세요. 정리 시스템이 복잡하면 아이가 쉽게 지치므로, 카테고리가 명확한 수납공간을 만들어 주세요.

Q3 물건을 쌓아 두는 습관 | 버리지 않고 모으는 아이, 어떻게 정리할까?

A 아이가 물건을 쉽게 버리지 못하는 경우, 천천히 정리하는 연습을 시켜 주세요.

① '버릴 것, 보관할 것, 기부할 것'으로 나누는 연습을 하면서, 물건을 정리하는 기준을 알려 주세요.

② '이 물건을 6개월 동안 한 번이라도 사용했는가?' 질문하며 실제로 필요한지 점검하는 습관을 들이는 것이 중요합니다.

③ 사용하지 않는 장난감이나 학용품을 함께 기부하는 경험을 통해 정리의 가치를 자연스럽게 배울 수 있습니다.

Q4 정리 습관 유지 | 정리한 공간을 오래 유지하는 핵심 비결은?

A 정리하는 시간도 중요하지만, 정리된 상태를 유지하는 것이 더 중요합니다.

① 하루 5~10분 '정리 시간'을 정해 매일 조금씩 정리하는 습관을 들이세요.

② 물건을 새로 들여놓을 때마다 '정리 후 자리 만들기'를 먼저 실천하면 공간이 쉽게 어질러지지 않습니다.

③ 가족과 함께 정리 목표를 정하고, 매달 한 번 '비우기 DAY'를 정해 불필요한 물건을 주기적으로 점검하세요.

Q5 아이 방 인테리어 | 정리 습관을 돕는 가구 배치는?

A 가구 배치를 잘하면 아이가 자연스럽게 정리 습관을 기를 수 있습니다.

① 장난감과 책, 학습 도구가 혼재되지 않도록 놀이 공간과 학습 공간을 구분하세요.

② 서랍이나 수납장은 아이 키에 맞게 배치하여 스스로 정리할 수 있도록 유도하는 것이 중요합니다.

③ 침대 아래 서랍이나 벽 선반 같은 '숨은 수납공간'을 활용하면 공간을 더욱

효율적으로 사용할 수 있습니다.

Q6 아이 신발 정리 | 신발이 여기저기 흩어지는 걸 막는 방법은?

A 현관에서 신발이 어지럽혀지는 이유는 아이가 신발을 정리할 공간이 명확하지 않기 때문입니다.

① '내 신발 자리'를 정해 색깔 라벨을 붙이거나 신발장이 있다면 이름표를 활용하세요.

② 자주 신는 신발은 쉽게 꺼낼 수 있도록 낮은 칸에 배치하고, 계절이 지난 신발은 별도 보관함에 넣어 두세요.

③ 신발을 신은 후 바로 정리하는 습관을 기르기 위해, '신발 넣기 게임' 같은 재미있는 방법을 활용하면 효과적입니다.

Q7 침대 정리 | 아이가 이불을 스스로 정리하도록 돕는 방법은?

A 아이가 이불 정리를 어려워하는 이유는 과정이 번거롭거나 힘들기 때문입니다.

① 침대 커버와 이불을 가벼운 소재로 선택하면 정리할 때 부담이 줄어듭니다.

② '하루의 시작은 이불 정리부터'라는 습관을 만들고, 정리 후 작은 보상(칭찬 스티커 등)을 제공하면 동기 부여가 됩니다.

③ 침대 위에 작은 바구니를 두어 베개나 담요를 쉽게 보관할 수 있도록 하면 더욱 깔끔한 공간을 유지할 수 있습니다.

Q8 가족 실천 | 가족 모두가 함께하는 정리 습관은?

A 정리는 개인적인 습관이 아니라, 가족이 함께 실천하는 생활습관이 되어야 합니다.

① 매일 저녁 10분씩 '가족 정리 시간'을 정해 함께 정리하세요. 함께하면 정리

가 더 쉽고 즐겁게 느껴집니다.

② 공유 공간과 개인 공간을 명확히 구분하세요. 각자 책임을 맡아야 하는 공간을 정하면 불필요한 갈등을 줄일 수 있습니다.

③ 정리 목표를 설정하고 작은 보상을 제공하세요. 한 달 동안 정리 미션을 성공적으로 수행하면 아이가 정한 메뉴로 가족 외식을 하면 어떨까요?

PART 2

5~13세
연령대별 방 정리의 비밀

요즘 부모들은 자녀 방을 어떻게 구성할지 관심이 많습니다. 특히 학령기에 접어든 자녀의 방은 단순한 생활 공간을 넘어 학습 능력과 정서 발달에 중요한 영향을 미칩니다. 방의 구성과 정리 정돈 습관은 아이가 스스로 공부하고 자신의 물건을 관리하는 능력까지 영향을 줍니다. 따라서 자녀의 연령대에 맞게 공간을 구성하고 정리정돈을 지도하는 것이 중요합니다.

**성장하는 아이,
성장하는 방**

이 장에서는 5세부터 13세까지 발달 단계에 맞춘 방 정리와 공간 구성 방식을 체계적으로 살펴보고자 합니다.

1단계 | 놀이와 질서를 배우는 시기(5~6세)

5~6세 아이들은 놀이 중심의 생활을 하기 때문에 방은 놀이와 탐구의 공간입니다. 따라서 정리정돈을 학습하기 전, 놀이를 통해 공간의 질서와 규칙을 익히도록 해야 합니다. 이때 아이의 키에 맞는 낮은 수납장을 활용하면 스스로 물건을 꺼내고 정리하는 습관을 들일 수 있고, 단어를 잘 모르는 아이들을 위해 사진 라벨을 붙이거나 색상으로 구분해 주면 쉽게 정리할 수 있습니다. 장난감과 침구류를 구분해 두면, 놀이 시간이 끝난 후 자연스럽게 정리하는 습관을 형성합니다.

2단계 | 책임감이 형성되는 시기(7~9세)

7~9세는 초등학교 입학해서 책임감을 배우는 중요한 시기입니다. 아이는 학교생활을 통해 과제와 일정을 스스로 관리하는 법을 익혀야 하며, 자신의 공간을 책임지는 습관을 들일 필요가 있습니다. 이 시기의 아이들은 자신이 사용하는 물건을 스스로 관리할 수 있도록 해야 합니다. 책상 위에 필요한 물건만 두고 나머지는 서랍이나 수납장에 보관하도록 하고, 책상과 놀이 공간을 명확히 분리해 주면 아이가 더 쉽게 정리할 수 있습니다. 자주 사용하는 책과 보관용 책을 구분하는 것도 필요합니다. 매일 정리하는 시간을 정해 주거나, 책을 주제별로 정리하는 방법을 알려 주는 등 좀 더 적극적인 자세로 정리에 임할 수 있게 도와주세요.

3단계 | 자기 주도성이 강화되는 시기(9~11세)

9~11세는 초등학교 중학년 시기로, 자기 주도 학습 능력을 키우기 시작합니다. 따라서 방 정리와 책상 정리를 스스로 할 수 있도록 돕는 것이 중요합니다. 이 시기의 아이들은 방해받지 않고 집중할 수 있는 학습 공간이 필요합니다. 책상과 의자를 아이 방에 배치하고, 학용품을 한곳에 정리하는 것이 좋습니다. 무엇보다 매일 학습이 끝난 후 책상 위를 정리하는 습관을 들이는 시기입니다. 학습 공간에는 불필요한 장식품을 최소화하고, 깔끔하고 차분한 분위기를 조성하는 것도 중요합니다. 또한 아이의 성향에 따라 책상 위치를 조정해야 합니다. 개방감을 좋아하는 아이는 창문 옆에, 집중력을 요하는 아이는 벽을 등지게 책상을 배치하는 등의 전략이 필요합니다.

4단계 | 집중력을 유지하는 시기(12~13세)

12~13세는 장기적인 집중력과 자기 관리 능력을 키워야 하는 시기입니다. 이때 아이들은 스스로 학습 계획을 세우고 실행하는 능력을 길러야 하며, 방 정리 역시 이와 연결됩니다. 초등학교 고학년에서 중학교를 준비하는 시기로, 최대한 자녀의 자율성을 보장해야 합니다. 학습 도구와 책상을 청소년용으로 교체하는 과정에서 자녀의 생각과 취향이 중심이 되어야 정리 습관을 유지할 수 있습니다. 독립된 공간을 보장하고 자녀의 취향을 반영해 공부방 인테리어를 하기 적합한 시기입니다. 한편 중학교 입학 전 참고서, 문제집, 필기구 등을 체계적으로 정리할 수

5~13세 연령대별 정리 목표

연령대	주요 목표	정리 방식	부모의 역할
5~6세	놀이를 통해 질서 익히기	사진 라벨, 낮은 수납장	밝고 안전한 환경 구축, 아이와 함께 정리하고 칭찬하기, 일일 정리 시간 정하기
7~9세	책임감 형성	자기 물건 관리, 책장 정리, 장난감 수납 분리	공부 책상 마련, 학습 환경으로 전환
9~11세	자기 주도 학습 강화	독립된 학습 공간 확보	책상·책장 정리 점검, 집중력 환경 구축
12~13세	집중력 지속	장식 최소화, 맞춤형 책상 배치, 학습 도구 정리 시스템	공부 성향과 취향을 존중해 가구 선정, 집중력 환경 강화

있는 시스템을 마련해야 합니다.

자녀의 방 정리는 단순히 물건을 치우는 일이 아닙니다. 방 정리와 공간 구성은 아이의 책임감, 자기 주도성, 집중력을 키우는 중요한 과정입니다. 연령대에 맞는 적절한 방 정리 습관을 지도하면 아이들은 자신의 공간을 더욱 소중히 여기고, 독립적인 생활습관을 길러 나가게 될 것입니다. 방 정리는 아이의 성장 단계와 함께 변화해야 합니다.

5~6세, 놀이방 구성에도 이유가 있다

✦ 안정감 형성기 ✦

어린 자녀에게 정리정돈 습관을 가르치기 전에 가장 먼저 할 일은 아이 방을 천천히 둘러보고 점검하는 것입니다. 아이들이 집중할 수 있는 환경인지, 부모와 함께 정리정돈을 할 수 있는 여건인지 확인해야 합니다. 놀이방 구성에도 이유가 있습니다. 단순히 아이가 노는 공간이 아니라, 아이의 정서 안정과 집중력을 높여 주는 환경을 조성해야 하기 때문입니다.

아이들은 방을 단순한 생활 공간으로 인식하는 것이 아니라, 자신만의 작은 세계로 받아들입니다. 따라서 이 세계가 안전하고 포근하다고 느껴질 때 마음을 열고 적극적으로 탐구하고 놀게 됩니다. 반면, 방이 어수선하고 불편하게 느껴진다면 아이들은 쉽게 산만해지고 집중력이 분산됩니다. 부모가 "정리하자!" 하고 아무리 외쳐도 귀 기울이지 않는 이유는 정리정돈이 아이에게 단순한 일이 아니라 감정적으로도 영향을 미치는 활동이기 때문입니다.

5~6세 아이들의 발달 특징

5~6세는 감각과 운동 능력이 급격히 발달하는 시기로, 이 때의 아이들은 주변 환경에서 다양한 자극을 받으며 스스로 탐구하고 배우는 데 큰 흥미를 느낍니다. 놀이를 통해 세상을 탐구하고, 자신의 행동이 결과를 가져온다는 것을 경험하면서 자기 효능감을 키웁니다.

이때 아이들은 정리정돈을 놀이처럼 접근하는 게 좋습니다. 블록을 정리할 때도 "블록들이 자기 집을 찾아가야 해!"라고 이야기하면 아이는 정리를 놀이의 연장선으로 받아들입니다. 아이가 자신만의 물건을 정리할 때 선택권을 주면 더 적극적으로 참여합니다. "어떤 장난감을 먼저 정리할까?"라고 묻고 아이가 선택하도록 유도하는 것도 좋습니다. 또한 글자보다는 사진이나 색깔로 구분된 정리함을 사용하면 더 쉽게 정리할 수 있습니다. "빨간 상자에는 블록을, 파란 상자에는 자동차를 넣자!"와 같은 방식이 효과적입니다.

▶ **놀이 중심의 사고**

이 시기의 아이들은 놀이가 삶의 중요한 부분입니다. 모든 활동을 놀이처럼 느끼며, 놀이를 통해 사회성과 창의력을 키웁니다.

▶ 자기 주도적 행동 시작

5~6세가 되면 아이들은 스스로 무언가를 하고 싶어 하는 욕구가 강해집니다. 정리정돈 역시 스스로 해 보고 싶어 하지만, 부모의 지시나 강요에는 반감을 가질 수 있습니다.

▶ 공간에 대한 애착 형성

자신의 물건과 공간에 애착을 느끼기 시작합니다. "이건 내 방이야!", "내 책상이야!"라는 말이 자연스럽게 나오며, 자신만의 공간을 꾸미고 관리하려는 욕구가 생깁니다.

아이가 어린데 정리정돈을 할 수 있을까?

"저희 아이는 아직 정리정돈을 알려 주기엔 너무 어린 것 같아요. 정리라는 개념을 모르는 아이한테도 그런 습관을 들여 줘야 하나요?"

간혹 이렇게 질문을 하는 학부모도 있습니다. 물론 자기 의사 표현을 잘하지 못하는 시기에는 정리정돈이 제대로 이뤄지지 않을 수도 있습니다. 하지만 시각적으로 아이가 보고, 듣고, 물건을 다룰 수 있다면 정리정돈 개념을 충분히 이해할 수 있습니다. 수납장별로 내용물 사진을 붙여 두고 아이들이 자기가 가지고 논 물건도 자리가 있다는 사실을 알게 해 주는 것이 시작입니다. 이 과정에서 부모의 역할이 중요합니다. 아이가 학교에 들어갈 시기까지는 아이 방의 인테리어를 부모가 주도하기 때문입니다. 하루 10분 동안 아이와 함께 방을 꾸미고 정리하는 시간을 가져 보세요. 아이가 놀이처럼 즐기며 질서를 배울 수 있도록 유도하는 것이 중요합니다.

갑작스럽게 모든 것을 바꾸기보다, 한 공간씩 정리해 나가며 아이가 변화를 받아들일 시간을 주는 것도 잊지 마세요. 장난감을 색깔별로 나누거나, 책을 크기순으로 정리하며 아이의 흥미를 하나씩 북돋아 주는 것도 추천합니다.

① 장난감 자리를 알려 주며 정리 습관 시작하기
② 색깔, 크기 기준으로 분류해 주기
③ 놀이와 정리가 자연스럽게 이어지도록 연결하기
④ 하루 10분 정리 시간 갖기

이 시기의 아이들은 놀이를 통해 창의력을 발달시키므로, 놀이 활동에 사용되는 장난감이나 소품을 신중하게 선택하는 게 중요합니다. 모래 놀이, 물놀이, 공예 놀이 등 다양한 재료를 활용한 놀이를 하고, 그 뒤에 정리정돈 또한 놀이의 연장선으로 느끼도록 도와야 합니다. 부모가 정리정돈을 지시하는 방식보다는 함께 정리하며 놀이처럼 즐기기를 추천합니다. 예를 들어, 블록을 가지고 놀았다면 "블록도 집에 데려다주자. 블록이 자기 집에 가지 못하면 너무 슬플 거야!"라고 말하면 아이는 재미있게 블록을 정리할 수 있습니다.

분리 수면을
자연스럽게 시작하자

초등학교 입학 전후 가장 먼저 고려해야 할 변화는 분리 수면입니다. 아이들은 초등학교 입학 전인 6세에서 7세 사이에는 부모와의 분리 수면이 완벽히 되어야 합니다. 이 시기는 초등학교 입학 시기와 맞물리며, 자녀가 독립된 존재로 성장하는 중요한 단계입니다. 분리 수면을 통해 자녀는 부모로부터 자아가 분리되어 독립성을 기르고, 자기만의 공간에 적응해 나가며 스스로 세계를 만들어 갑니다. 아이가 부모와 함께 자는 시간이 길어질수록 독립심이 생기기 어려워지고, 자신의 공간을 책임지는 습관을 들이기 어렵습니다. 분리 수면을 준비할 때는 다음과 같은 점을 고려하세요.

▶ **아이 방을 따뜻하고 안전한 공간으로 만들기**
아이가 좋아하는 캐릭터나 장난감으로 방을 꾸미면 자기 방에 애착이 생겨요. 방이 아이에게 특별한 공간이 되면 혼자 자는 것도 더 편해질 거예요.

▶ **수면 환경을 점검하기**

아이가 푹 잘 수 있게 침대, 이불이 적당한지 점검합니다. 아이가 무서워한다면 작은 수면 등을 켜 두는 것도 좋아요.

▶ **점진적인 분리 수면 연습**

처음에는 낮잠을 아이 방에서 자게 하거나, 부모가 아이 방에서 책을 읽어 주면서 시간을 보내세요. 이렇게 아이가 자기 방에서 보내는 시간을 차츰 늘려 가는 게 좋아요.

자녀가 초등학생이 되기 전에 분리 수면 연습을 해 두는 것이 좋다.

처음으로 아이 방을 꾸미는 경우

아이가 아직 초등학교 입학 전이라면 공부방을 예쁘게 꾸며 주는 것도 좋지만, 되도록 자녀의 이동성을 고려해 학습 환경을 조성해 주어야 합니다. 적지 않은 비용을 들여 자녀의 공부방을 꾸며 주었는데 자녀가 방에 머물지 않고 거실이나 안방에서 책을 읽는 경우도 종종 있습니다.

엄마 입장에서는 일찍이 책상에 앉는 습관을 들이기 위해 공부방을 마음먹고 꾸며 준 것이라 속상할 법도 하지만 이 시기 아이들의 특성을 고려하지 않은 부모의 잘못입니다. 이 시기에는 아이들은 한곳에 머물지 않고 여러 곳을 돌아다니면서 놀곤 합니다. 책을 읽을 때도 소파에 있다가 주방에서 읽고, 그림일기를 쓸 때는 거실에서 해 보는 식입니다.

① 책상은 이동형으로

아이에게 책상을 가까이하는 습관을 들여 주고 싶다면 어떻게 해야 할까요? 일찍부터 공부하는 습관을 잡아 주고 싶은 부모는 '엉덩이 힘'을 길러 주기 위해 책상과 의자를 마련합니다. 그런데 이 시기가 참 힘듭니다. 아이들은 장난감이 머릿속에 떠올라 책상 앞에 앉아도 안절부절못하고 조금 집중하는 듯싶다가도 곧바로 거실로 나와서 장난감을 찾기도 합니다. 아이가 책상 앞에 오래 앉지 못하더라도 실망하지 말아야 합니다. 매일 조금씩 연습하는 것이 중요하니까요. 1년 정도의 꾸준한 연습 기간을 두면, 초등학교에 입학했을 때 자연스럽게 책상에 앉아 공부하는 습관이 형성됩니다. 공부방을 꾸밀 때는 아이의 개인 취향과 편안함을 고려하는 것이 좋습니다. 책상 앞에 좋아하는 그림이나 포스터를 붙여 두면 아이가 책상을 친근하고 편안하게 느낄 수 있습니다. 이동식 책걸상을 마련해 주는 것도 한 방법입니다. 아이 방에 붙박이로 두는 책상보다 튼튼한 이동식 책상을 사 주면 아이가 집 안을 돌아다니면서 책을 읽을 때 책상을 쉽게 사용할 수 있습니다.

② 안전이 우선

미취학 자녀의 공간을 구성할 때는 최대한 안전을 위주로 꾸며야 합니다. 보통 거실 벽면에 콘센트가 많습니다. 베란다 쪽에는 화분이 있고 그 옆에는 에어컨, 공기청정기 등 큰 가전제품을 두는데, 어린 자녀에게는 모두 위험한 가전입니다. 이 때문에 거실에 놀이방을 조정하면서 자연스럽게 책장이나 수납함을 가벽으로 삼아 주변을 막아 주면 아이들이 베란다로 나가거나 콘센트를 만질 위험이 줄어듭니다.

③ 놀이 구역은 명확히!

아이들은 한 번 몰입하면 그 세계로 푹 빠져듭니다. 그러므로 놀이와 정리정돈 모두 몰입할 수 있는 환경을 제공하는 것이 중요합니다. 유아 시기부터는 자신만의 취향이 생기므로, 아이가 좋아하는 색상이나 캐릭터를 반영해 맞춤형 놀이 공간을 만들어 주는 것이 좋습니다. 놀이 구역과 휴식 구역을 구분하면 아이가 더 쉽게 집중하고 정리할 수 있습니다. 무엇보다 놀이 구역을 지정하는 것은 아이의 공간 인지 능력을 키우는 데도 도움이 됩니다. 특정 공간에서만 놀고, 그 공간을 벗어나면 놀이를 마치고 정리해야 한다는 규칙을 통해 공간마다 다른 목적과 역할이 있음을 자연스럽게 배울 수 있습니다.

④ 낮은 가구 활용하기

아이 방을 꾸밀 때는 최대한 높이가 낮은 가구를 배치하는 게 좋습니다. 가구가 높으면 진열된 책이나 장난감 등이 쏟아져 다칠

아이 눈높이에 맞춰 모든 수납함을 배치해야
아이 스스로 정리정돈을 할 수 있다.

수 있고 아이가 가구를 밀어서 쓰러뜨릴 가능성도 있습니다. 기존에 쓰던 가구가 있다면 이를 가로로 눕혀서 사용하는 것도 방법이죠. 3단 이하의 낮은 책장도 추천합니다.

**아이의 집중력을
극대화하는 자연광**

아이들이 있는 공간은 인공 조명보다 자연광이 더 좋습니다. 최대한 창가 쪽에 책상이나 놀이 공간을 배치하고, 자연광이 들어오는 공간에서 아이가 놀이와 학습을 할 수 있도록 해야 합니다. 지나치게 어둡거나 밝은 조명은 아이의 집중력을 떨어뜨릴 수 있으니, 적절한 조도를 유지하는 것이 중요합니다. 자연광이 부족한 공간이라면 은은한 조명을 활용해 아이가 편안함을 느끼도록 조성하는 것이 좋습니다. 따뜻한 색상의 조명은 아이의 마음을 안정시킬 수 있습니다.

7~9세, 공부방으로의 성공적인 변신을 꾀하다

✦ 변화 도전기 ✦

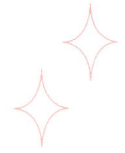

유치원을 졸업하고 초등학교에 입학하는 시점에 부모와 아이는 모두 큰 변화를 겪습니다. 아이들은 새로운 교실 환경과 학교 규칙에 적응해야 하며, 특히 놀이 활동 시간이 줄어듭니다. 따라서, 아이가 초등학교에 입학하기 전에 책상 사용에 적응하도록 단계적으로 도와주는 것이 중요합니다. 부모 역시 아이 성장에 맞춰 방의 변화를 고민하게 됩니다. 놀이 중심의 방 구성에서 학습 중심의 방 구조로 전환이 필요해지는 시기입니다.

하지만 이 과정에서 중요한 것은 변화의 속도입니다. 부모가 미리 학습 분위기를 조성한다고 장난감을 모두 치우고 책상과 침대를 갑자기 들여놓으면, 아이가 적응하지 못하고 거부 반응을 보일 수 있습니다.

부모가 먼저 생각해야 할 것은 '아이에게 지금 가장 중요한 것은 무엇인가?'라는 질문입니다. 아이들에게는 공부하는 환경을 만드는 것보다 부모와의 분리나 새로운 환경에 대한 두려움이 더 클 수 있습니다. 따라서 방 배치를 바꾸기 전에 먼저 책상에 적응할 시간을 충분히 주는 것이 중요합니다.

7~9세 아이들의 발달 특징

7~9세는 아이가 독립적인 학습 습관과 책임감을 형성하는 중요한 시기입니다. 이 시기의 아이들은 부모의 지시에 따라 행동하던 유아기와 달리, 스스로 규칙을 이해하고 따르며, 자신의 공간을 관리하는 능력을 키워 나가기 시작합니다.

▶ 책임감과 자기조절 능력 향상

초등학교에 입학하면서 아이들은 학교에서 규칙과 역할을 배우고, 이를 가정에서도 적용하려는 모습을 보입니다. 자신의 물건을 스스로 관리하고, 정리정돈을 통해 책임감을 배울 수 있습니다. 일방적인 잔소리보다는 규칙을 함께 정하고, 약속을 지킬 수 있도록 격려하는 방식이 효과적입니다.

▶ 논리적 사고력 발달

"왜 정리를 해야 할까?", "책상은 왜 깨끗해야 할까?"라는 질문을 하기 시작합니다. 단순한 지시보다는 이유와 원칙을 설명해 주면 더 잘 받아들이는 시기입니다. "책상이 깨끗해야 숙제를 빨리 끝낼 수 있지!"와 같은 논리적인 이유를 들어 설명해 주세요.

▶ 창의력과 상상력 여전

초등학교에 입학했지만, 이 시기의 아이들은 여전히 놀이와 상상을 중요시합니다. 따라서 공부방을 경직된 분위기의 공간으로 만들기보다는, 창의적인 요소를 포함하는 것이 좋습니다. 레고, 공작 키트, 미술 도구 등을 활용해 놀이와 학습이 자연스럽게 연결되도록 유도하세요.

놀이에서 학습으로 가는 징검다리를 만들자

초등학생이 된 자녀에게 가장 중요한 능력 중 하나는 집중력입니다. 하지만 초등학생 시기의 아이들은 아직도 아직 자기만의 상상의 세계를 더 중시합니다. 상상력이 발달하고 놀이를 중요한 활동으로 여기므로, 단순히 학습에만 집중하도록 강요하기보다 놀이와 학습의 균형을 맞춰 주는 것이 중요합니다.

대략 7살이 되면 한글을 배우기 시작합니다. 따라서 놀이 중심에서 공부 중심의 공간으로 서서히 전환할 필요가 있습니다. 공부방 구성은 초등학교 입학 후 특히 중요한 역할을 합니다. 유치원 시기에는 방 안에 장난감을 가득 두면서 놀이 중심의 공간으로 꾸몄다면, 초등학생이 되면서는 책상과 학습 공간을 중심으로 재구성해야 합니다. 이 과정에서 아이가 자연스럽게 학습 공간에 적응할 수 있도록 돕는 역할을 해 주세요. 갑작스럽게 장난감을 다 치우거나 학습 중심으로만 방을 재구성하면 아이가 방에 머무르는 것을 꺼리는 게 당연합니다.

① 아이가 좋아하는 활동을 책상에서

변화는 천천히 만들어 주세요. 여전히 놀이를 중요하게 생각하는 시기이기 때문에 놀이와 학습의 균형을 맞추는 공간 구성이 필요합니다. 책장에 문제집과 교과서 등을 배치하기보다는 학습과 놀이를 함께 할 수 있도록 합니다. 초기에는 책상에 앉아 공부를 강요하기보다, 아이가 좋아하는 활동을 중심으로 책상을 활용할 수 있도록 유도하세요. 예를 들어, 아이가 그림을 그리는 것을 좋아한다면 책상을 미술 작업 공간으로 활용하도록 하고, 장난감을 정리하거나 놀이 아이템을 활용하는 활동 또한 책상에서 시작하게 해 보세요. 이런 방식을 적용하면 아이가 책상에 자연스럽게 앉는 습관을 형성하게 됩니다.

② 학용품 옆에 장난감을

아이들이 책상과 방에서 긍정적인 경험을 가질 수 있도록, 학습용품과 장난감을 함께 배치하는 것이 좋습니다. 예를 들어, 책상 위에 문제집과 색연필 세트를 함께 놓거나, 책상 옆 선반에 레고와 책을 함께 배치하세요. 공부를 끝낸 후 자연스럽게 놀이로 이어질 수 있는 배치는 아이에게 학습과 놀이의 균형을 제공하며, 방에서 시간을 보내는 것에 대한 부담을 줄여 줍니다.

③ 정리정돈 타이밍 정하기

아이가 공부를 시작하기 전에 정리정돈 시간을 정해 주세요. "공부하기 전에 책상 위를 깨끗이 치우자!"라는 원칙을 세우고 습관을 들이면 아이는 자연스럽게 정리된 공간에서 학습하는 법을 배우게 됩니다. 예를 들어, 공부 전 5분 정도 시간을 정해 부모와 함께 책상을 정리하거나, 공부가 끝난 후 바로 책과 필기구를 정리하도록 유도하는 것이 좋습니다. 이 과정에서 부모가 직접 도와주기보다는 아이 스스로 정리할 수 있는 환경을 마련해 주는 것이 중요합니다. 정리정돈이 학습과 연결되면 아이는 깨끗한 공간에서 더 집중력을 발휘하고, 자신이 정리한 공간에 대한 책임감도 자연스럽게 키울 수 있습니다.

책꽂이에 아이가 좋아하는 장난감을 함께 배치하면 자연스레 책장에 관심을 두게 되어 독서 습관 형성에 도움이 된다.

④ 책상만 바꿔도 집중력이 올라간다

공부방에서 책상 배치는 아이가 스스로 학습 습관을 형성하는 데 중요한 시작점이 됩니다. 이 공간은 아이가 자라며 자기 주도적으로 학습을 이어 갈 수 있는 기반이 됩니다. 놀이와 학습의 균형을 고려한 환경 조성과 아이의 관심을 반영한 세심한 배치는 아이가 방에서 시간을 보내며 긍정적인 경험을 쌓을 수 있도록 도와줍니다.

책상은 높이 조절이 가능한 제품을 선택하면 아이의 성장에 맞게 책상 높이를 변경할 수 있어 장기적으로 사용할 수 있습니다. 편안한 자세에서 학습할 수 있도록 높이와 각도를 조절 가능한 의자와 함께 사용하는 것이 이상적입니다. 책상은 창문 근처에 배치해 자연광을 활용하되, 지나치게 외부 풍경이 잘 보이는 위치는 피하는 것이 좋습니다. 외부의 움직임이 보이면 아이가 자꾸 창밖을 바라보며 산만해질 수 있기 때문이지요.

학습 환경을 깔끔하게 유지하면 단순히 집중력을 높일 뿐 아니라 학습과 성장 과정에 긍정적인 경험을 제공합니다. 아이가 스스로 집중하고자 하는 마음을 키우기 위해서는 부모가 강요하거나 제한하는 방식보다는 먼저 아이가 학습 공간에서 편안함과 안정감을 느끼도록 도와주세요. 정돈된 학습 환경을 제공하는 것은 초등학생이 자기 주도 학습 습관을 형성하는 데 매우 중요한 시작점이 됩니다.

▶ 책상 위 정리

책상 위에는 최소한의 물건만 올려 두되, 학습과 놀이 모두를 위한 도구를 함께 배치하세요. 이는 아이가 학습과 놀이를 자연스럽게 전환할 수 있도록 돕습니다.

▶ 조명과 위치 선정

책상은 자연광이 잘 들어오는 곳에 배치하고, 아이의 키에 맞는 조명과 의자를 선택하세요. 아이가 불편함 없이 오래 앉아 있을 수 있도록 합니다.

▶ 놀이와 학습의 구분

책상은 학습과 놀이의 연결고리 역할을 하되, 방 안의 다른 부분에 놀이 공간을 남겨 두세요. 이를 통해 공부 시간과 놀이 시간이 분리되면서도 자연스럽게 이어질 수 있습니다.

▶ 책상 위 작은 보상

공부를 마친 뒤 책상에서 레고 놀이를 하거나 좋아하는 간식을 먹는 시간을 마련하면, 책상을 단지 공부하는 공간이 아니라 즐거운 경험을 함께하는 공간으로 인식합니다.

왜 아이들은 만들기를
쉽게 버리지 못할까?

초등학교에 들어간 아이들은 장난감보다 학교에서 만든 작품이나 학습 교구에 더 많은 애착을 느끼기 시작합니다. 유치원 시절에는 블록이나 인형, 장난감 자동차 같은 물건이 아이 마음을 사로잡았다면 이제는 학교에서 만든 고무 동력기, 과학 실험 키트, 공작 숙제 같은 것들이 새로운 애착 대상으로 자리 잡습니다. 아이들은 자신이 직접 만든 물건에 정서적 가치를 부여하며, 단순한 장난감보다 훨씬 버리기 어려워합니다. 문제는, 아이들의 이런 애착이 쌓이기 시작하면 집이 점점 작품 갤러리로 변한다는 점입니다.

"이건 선생님이 가르쳐 줘서 처음 만든 거라 버리면 안 돼!"
"내가 가장 아끼는 거니까 소중히 여겨야 해!"

아이들이 자신이 만든 물건을 쉽게 버리지 못하는 이유는 단순합니다. 만드는 과정에서 느꼈던 성취감과 재미, 그리고 결과물을 통해 얻은 자부심이 담겨 있기 때문입니다. 고무 동력기를 조립하며 "내 손으로 직접 만들었어!"라고 느꼈던 기쁨, 공작 과제에서 칭찬받았던 순간의 뿌듯함이 물건에 그대로 담겨 있는 셈입니다. 그래서 아이에게 "이거 이제 버리자!"라고 말하면, 단순히 물건 하나를 버리는 게 아니라 소중한 추억과 감정을 지우는 것처럼 느껴질 수 있습니다. 하지만 현실적으로 모든 작품을 보관할 수는 없습니다. 수납공간은 한정되어 있고, 아이들은 매년 새로운 것을 만들기 때문입니다. 그렇다면 어떻게 해야 아이의 마음을 존중하면서도 집을 깔끔하게 유지할 수 있을까요?

스스로 정리할 수 있는 여지를 주기

가장 중요한 것은 아이와 함께 보관 기준을 세우는 것입니다. 아이가 스스로 결정권을 가지고 물건을 정리할 수 있도록 도와주면, 정리하는 과정에서 불필요한 갈등을 줄이고, 동시에 정리정돈 습관도 자연스럽게 배울 수 있습니다.

"우리 10개까지만 가지고 있기로 하자. 어떤 작품을 보관할지는 네가 결정해도 좋아. 하지만 10개를 넘지 않기로 약속하자."

구체적인 기준을 세운 뒤 아이가 선택하도록 하면, 아이는 스스로 판단해서 어떤 물건을 간직할지 고릅니다. 단순히 "버려야 해!"라는 명령보다 훨씬 긍정적인 태도로 정리를 할 수 있습니다. 결정권을 가진 아이들은 의외로 정리정돈에 적극적으로 나섭니다.

"엄마, 이건 못생겼으니까 버릴게."

"책장 위에 저거 대신 다른 걸 진열할 거야."

아이들은 스스로 판단하며 물건을 관리하는 법을 배우고, 필요 없는 물건을 정리하는 습관을 익혀 갑니다.

아이와 함께 정리하며 이야기 나누기

반대로 어떤 부모는 아이가 만든 모든 것이 소중한 추억으로 느껴질 수 있습니다. 저도 아이들에게 정리정돈을 가르치는 과정에서 많은 시행착오를 겪었습니다. 어린이집 시절부터 모은 그림과 장난감이 60리터짜리 박스로 여섯 개나 되었죠. 하지만 아이들이 성장하면서 깨달은 점은 부모가 소중히 여기는 물건이 반드시 아이에게도 추억으로 남지 않는다는 사실입니다. 어느 60대 고객은 자녀가 결혼할 때 어린 시절 물건을 기념으로 전해 주었는데, 자녀가 이렇게 말했다고 합니다.

"그건 엄마 추억이지, 내 추억은 아니에요."

이 말을 들으면 서운할 수 있지만, 아이들에게 중요한 것은 과거가 아니라 현재입니다. 애써 보관한 물건들이 아이들에게는 별다른 의미가 없을 수 있습니다. 정리정돈에서 중요한 것은 아이의 현재 상태와 필요를 우선으로 생각하는 것입니다.

추억을 남기는 방법은 물건을 보관하는 것만이 아닙니다. 물건을 만든 시간과 경험이 추억의 본질입니다. 아이들과 함께 물건을 정리하는 시간도 소중한 추억이 될 수 있습니다. 남기고 버릴 물건을 정하는 시간 동안 함께 대화하면 아이와 행복한 추억을 쌓을 수 있을 것입니다. 어떤 물건이 특별한지, 어떤 물건을 기억으로 간직하고 싶은지 이야기를 나누어 보세요. 물건을 정리하는 과정을 통해 단순히 공간을 비우는 것 이상의 중요한 가치를 배울 수 있습니다. 가족이 함께 공간을 정리하고, 추억을 나누며, 지금 이 순간을 함께하는 것이야말로 아이의 성장 과정에서 가장 소중한 경험은 아닐까요?

9~11세, 공부력을 키우는 공부방의 비밀

✦ 스스로 도약기 ✦

세계적인 기업가 빌 게이츠(Bill Gates)는 책상이 깔끔한 것으로 유명했습니다. 그는 "좋게 만들 수 없다면, 적어도 좋아 보이게 만들어라!"라고 말하며 가시적인 질서와 미니멀한 환경의 중요성을 강조했습니다. 주변 환경이 단순할수록 불필요한 결정 피로를 줄이고, 본질적인 일에 더 많은 생각과 에너지를 집중할 수 있다고 믿었습니다.

9~11세는 아이들이 자신의 힘으로 도약할 준비를 하는 시기입니다. 자기 주도성과 독립성이 본격적으로 발달하기 시작하며, 스스로 계획을 세우고 행동하는 능력을 키워 가는 중요한 시점에 있습니다. 이때 간결한 환경은 단순히 학습을 도와주는 도구가 아니라, 자기 주도성과 독립성을 향상시키는 강력한 기반입니다. 빌 게이츠가 단순하고 본질에 충실한 환경 속에서 창의력을 발휘한 것처럼, 아이들도 정리된 공간에서 자신의 잠재력을 발견하고 성장할 수 있습니다. 책상 위에는 꼭 필요한 학습

도구와 교재만 올려 두고, 불필요한 물건들은 정리하는 것이 좋습니다.

9~11세 아이들의
발달 특징

9~11세는 신체적, 인지적, 정서적, 사회적 발달이 활발히 이루어지는 중요한 시기입니다. 신체적으로 성장 속도가 빨라지고, 여아는 남아보다 사춘기를 먼저 경험하는 경우가 많아 키와 체형의 변화가 두드러질 수 있습니다. 몸이 자라나고 학습량이 늘어나 피로를 느끼기 쉬운 만큼 체력 관리와 균형 잡힌 생활이 필요합니다.

인지적으로는 논리적 사고가 발달하여 원인과 결과를 이해하고 문제를 체계적으로 해결하는 능력이 강화되는 한편 정서적으로는 자아 개념이 형성됩니다. 성취 욕구가 강해져 인정받는 경험을 중요하게 여깁니다. 감정을 조절하는 능력도 발달하지만, 여전히 좌절이나 실패에 민감할 수 있어 부모나 교사의 정서적 지지가 필요합니다.

▶ 신체적 발달

성장 속도가 빨라지고 에너지가 풍부하지만, 학교와 학원에서 공부하는 시간이 늘어나기 때문에 피로감을 느낄 수 있습니다. 충분한 휴식을 취할 수 있는 아이 방 인테리어가 필요합니다.

▶ **자기 주도력 형성**

인지적 차원에서는 논리적 사고가 발달하고 문제를 해결하는 능력이 강화됩니다. 자기만의 정리 규칙이나 수납 방식을 만들 수 있습니다.

▶ **비교에 민감함**

자아 개념 형성되며 타인의 평가에 민감합니다. 부모에게 인정받고 싶다는 성취 욕구가 큽니다. 형제자매와 정리 습관을 비교하거나, 방 정리 규칙을 어겼다고 크게 꾸짖으면 오히려 정리에 대한 거부감이 커질 수 있습니다.

▶ **사회적 발달**

또래 관계를 매우 중요하게 여기며 협력과 소통 능력을 배우는 시기입니다. 독립심이 커지지만 정리 습관을 형성하는 데 여전히 부모의 격려와 도움이 필요합니다.

집중력을 좌우하는 학습 환경

심리적 환경 이론에 따르면, 주변 환경이 복잡할수록 주의력이 분산될 가능성이 큽니다. 특히 어린이의 경우 시각적으로 산만한 공간은 집중력을 크게 방해합니다. 호기심이 풍부하고 여전히 시각적 자극에 민감하기 때문에 주변 환경의 영향을 크게 받습니다. 아이가 공부할 방이 지나치게 화려하거나 물건들로 가득 차 있다면, 물리적 혼란은 곧바로 정신적인 산만함으로 이어집니다. 이는 9~11세 아이들에게 특히 중요한 문제로 다가옵니다. 학교에서도 학업량이 증가하고 더 많은 집중력이 필요하기 때문입니다.

예를 들어, 공부할 때 필요 없는 물건이 책상 위에 놓여 있다면, 아이는 무의식적으로 주의를 빼앗기고, 집중력이 저하될 가능성이 큽니다. 반면, 깔끔하게 정돈된 공간은 시각적 자극을 최소화하여 집중력을 높이고, 아이에게 심리적 안정감을 제공합니다.

정돈된 환경은 학습 집중력을 높여 공부 효율을 높이고 아이가 머물고 싶은 공간으로 만들어 줍니다. 또한 자신이 해야 할 일에 몰입하고 성취감을 느끼는 기회를 제공합니다.

① 수납장을 적극적으로 활용하기

책상 위에는 꼭 필요한 교재와 필기구만 두고, 장식품이나 장난감처럼 학습과 직접 관련이 없는 물건들은 치우는 것이 좋습니다. 필요한 교재와 필기구를 제외한 물품은 서랍이나 수납장에 보관하여 책상 위 공간을 깔끔하게 유지하세요. 아이가 직접 필요한 물건을 쉽게 찾을 수 있도록 하는 것도 중요합니다.

학용품부터 미술 도구, 액세서리 등 자잘한 물건을 수납하고 필요할 때마다 꺼내 쓰도록 한다. 문이 달린 책장은 시각적 자극을 줄일 수 있다.

② **주기적인 학습 환경 변화**

아이의 성장과 함께 공부방도 변화가 필요합니다. 하지만 많은 가정에서는 자녀가 어릴 때 꾸민 방을 그대로 유지하며 수년 동안 바꾸지 않습니다. "이대로도 괜찮지 않을까?"라고 생각하기 쉽지만, 학습 효과 측면에서는 부정적인 영향을 줄 수 있습니다.

먼저 초등학교 저학년 시기에는 책상 위에 아이의 사진이나 장식물, 좋아하는 캐릭터가 그려진 물건을 두어 아이가 정서적으로 안정감을 느끼도록 하는 것이 유효했습니다. 하지만 중학년(2~4학년)에 접어들면, 부모와 아이가 함께 책상 위와 방 전체의 물건을 정리하며 학습에 집중할 수 있는 환경을 만드는 것이 무엇보다 중요합니다.

자녀의 학습 환경을 6개월마다 조금씩 바꾸길 추천드립니다. 책상을 창가에서 벽 쪽으로 옮겨 보고, 침대 위치를 바꿔 보는 작은 변화만으로도 아이는 매번 새로운 동기를 느끼고 공부 집중력을 높일 수 있습니다. 학습 환경의 변화를 통해 뇌에 새로운 자극을 주는 것은 주의력을 활성화하고 학습 동기를 강화하는 데 효과적입니다. 연구에 따르면, 환경 변화는 뇌의 신경가소성을 자극하면서 기억 회상을 촉진해 학습 효과를 높입니다.

여전히 아이 대신 정리하고 있진 않나요?

여기서 중요한 점은 단순히 부모가 아이의 방을 대신 정리해 주는 것으로 끝나서는 안 된다는 것입니다. 우리 집의 정리 주도권이 어디 있는지 확인할 필요가 있습니다. 초등학생 아이들은 단순히 정리된 공간을 부모로부터 받는 것만으로 끝나서는 안 됩니다. 스스로 자신의 물건을 선택하고, 무엇이 필요하며, 무엇이 불필요한지를 판단하는 것이 중요합니다.

초등학교 중학년의 아이들은 학습 습관이 본격적으로 자리 잡기 시작하는 시기입니다. 이 시기의 아이들은 정서적 안정감을 중요시하면서도, 점차 논리적 사고와 책임감을 키워 가는 과정에 있습니다. 정리정돈과 환경 관리 또한 이 능력을 키우는 중요한 과정입니다. 스스로 자신의 물건을 정리하고 선택하는 경험이 매우 중요합니다. 아이가 물건을 스스로 정리하는 과정은 단순한 공간 정리를 넘어, 자신의 환경을 통제하는 힘과 의사 결정 능력을 키우는 기회가 됩니다. 물리적 환경을 정돈하는 과정에서 아이는 자신의 공간을 주체적으로 관리하는 힘을 기르게 됩니다. 아이가 스스로 선택하고 결정을 내리는 경험을 반복할 때, 단순히 집중력이 향상될 뿐 아니라 삶을 주체적으로 살아갈 힘이 길러집니다.

요구하는 부모,
저항하는 아이

초등학교 중학년쯤 되면, 많은 부모가 정리정돈이 자녀와 싸우는 불씨가 될 때가 많다고 하소연합니다. 아이와 부딪치는 일이 스트레스라서 아이 방을 방치하는 경우도 많습니다. 다시 말해서, 정리정돈은 단순히 청소나 수납이 아닌 '관계의 문제'가 됩니다.

부모는 종종 아이의 책상 위나 방을 보며 "이 물건이 왜 아직도 여기 있지?"라는 의문을 품곤 합니다. 초등학교 3학년 아이의 책상 위에 여전히 유치원 시절 장난감이나 그림책이 놓여 있는 경우가 있지요. 학년이 올라가면서 새로운 과제와 공부가 늘어나는데, 아이가 이런 물건에 집착하는 모습을 보면 부모 입장에서는 답답하게 느껴질 수밖에 없습니다.

이럴 때 흔히 하는 실수는 강압적으로 정리를 요구하는 것입니다. "이제 다 버려야지!"라며 물건을 치우라고 강요하면, 아이는 반발심을 느끼고 더 강하게 저항할 수 있습니다. 정리에 대해 부정적인 감정을 가지게 될 가능성도 큽니다. 아이들은 자신의 물건에 대해 소유권을 강하게 느끼기 때문입니다. 그 물건은 단순한 장난감이 아니라 아이가 기억하는 유치원 시절의 추억이나 성취감을 담고 있는 소중한 대상일 수 있습니다.

스스로 움직이는 아이로 만드는 법

강압적인 태도 대신, 정리를 하나의 긍정적이고 자연스러운 과정으로 이끄는 것이 중요합니다. "이제 새 학년이 되었으니, 예전 물건은 정리하면 어떨까? 책상 위에는 꼭 필요한 것들만 놓자."라고 부드럽게 제안한다면, 아이는 부모의 요청을 받아들이는 데 훨씬 긍정적인 태도를 보일 것입니다.

또한 정리하라고 요구하기 전에 아이가 필요하다고 느끼는 물건들을 채워 넣을 수 있는 여백을 만들어 주는 것이 핵심입니다. 책상 위나 방의 특정 공간을 정리하고 나면, 아이는 자연스럽게 '여기에는 꼭 필요한 책이나 학습 도구만 올려야겠다.'라고 생각하게 됩니다. 이런 방식으로 아이가 스스로 정리가 필요하다고 느끼도록 유도하는 것이 효과적입니다. 정리 과정은 부모의 태도에 따라 아이에게 스트레스가 될 수도, 자신을 가꾸는 즐거운 시간이 될 수도 있습니다.

① 오래된 물건 무작정 버리지 않기

정리를 시작할 때는 강요나 지시보다는 아이와 상의하며 진행합니다. 초등학교 중학년 시기의 아이들은 여전히 부모의 지도가 필요하지만, 자신만의 선택을 존중받기를 원하는 경향이 강합니다. "어떤 물건을 가장 소중하게 생각해? 그건 책상 위에 두고, 나머지는 정리해 볼까?"라는 식으로 물어보며 정리를 시작하면, 아이는 부모의 권유를 자신의 선택으로 느낍니다. 특히 이 나이대의 아이들은 부모의 일방적인 지시보다 자신이 선택한 것에 더 적극적으로 참여하려는 경향이 있습니다. "책상 위에 무엇을 둘지는 네가 정해 봐."라고 제안하면, 아이는 물건을 직접 선택하며 우선순위를 정하는 경험을 하게 됩니다. 이런 경험으로 아이는 책임감을 기르고, 자신의 물건을 소중히 관리할 수 있다는 자신감을 키웁니다.

② 보류 상자 만들기

보관 기준을 세우는 것도 중요하지만, 그 기준을 유연하게 적용하는 태도가 더 중요합니다. 부모가 "보관할 물건은 10개까지만 정하자."라는 규칙을 제시했더라도, 아이가 애착을 느끼는 물건이 많아 곤란해한다면 예외를 허용해 주세요. 어떤 물건을 보관할지 우선순위를 정하고 개수가 많은 물건은 서랍장이나 박스에 보관하는 방식으로 아이와 타협점을 찾을 수 있습니다. 이렇게 하면 아이는 부담 없이 물건을 정리할 기회를 얻고, 긍정적인 경험을 쌓게 됩니다. "모든 것을 한 번에 완벽히 해결해야 한다."라는 압박 대신, "이건 잠시 여기 서랍에 넣어 두자. 나중에 다시 정리할 때 보면 더 쉽게 결정할 수 있을 거야."라는 식으로 접근해야 합니다. 정리가 반드시 '영원히 버리는 것'을 의미하지 않는다는 점을 아이에게 알려 주는 것도 좋습니다.

③ 아끼는 물건은 소중한 자리에

아끼는 물건은 '보물창고'로 설정한 책상 아래쪽에 보관하면 좋습니다. 애장품이 시야에서 사라지지만 필요할 때 한 번씩 꺼내 볼 수 있어 심리적 안정감을 느낍니다. 물건을 시야에서 치우는 것만으로도 공간은 훨씬 깔끔해지고 공부에 더 몰입하게 됩니다.

④ 아이의 노력을 충분히 칭찬하기

무엇보다 아이가 정리정돈을 통해 성취감을 느끼도록 작은 칭

침대 하단의 서랍에 부피가 큰 짐이나 침구를 보관하는 경우가 많다. 여기에 아이만의 보물창고를 마련해 보자. 공간이 넉넉할 뿐 아니라 아이가 꺼내기 쉽다는 장점이 있다.

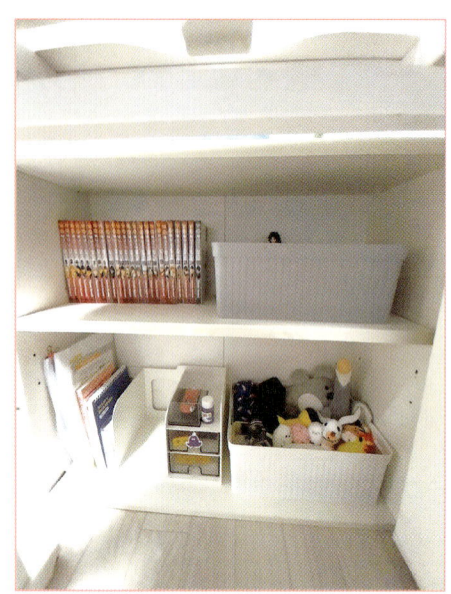
책상 아래에 아이만의 보물창고를 마련해 준다.

찬과 격려를 아끼지 않는 것이 중요합니다. "책상을 이렇게 정리하니까 훨씬 깔끔하고 보기 좋네! 네가 직접 정리해서 더 멋져 보인다."라는 식의 말은 아이에게 긍정적인 피드백을 주며, 정리 정돈이 단지 귀찮은 일이 아니라 자신에게 이로운 습관임을 깨닫게 합니다. 부모는 아이의 성향과 환경을 고려해 정리 기준을 함께 만들어 가는 과정에서 아이가 자신의 공간에 대해 주체적으로 사고할 수 있도록 격려해야 합니다.

**깔끔한 방보다
주도적인 방으로**

공부 환경을 단순하게 만드는 일은 학습 효율성과 집중력을 높이는 데 필수적입니다. 불필요한 물건을 정리하며, 애장품을 따로 보관하는 것만으로도 아이는 더 안정된 환경에서 공부할 수 있습니다. 이 작은 변화들이 모여 몰입과 효율성을 높이고, 자기 주도 학습 습관 형성으로 이어집니다.

초등 중학년 아이를 위한 방 정리의 핵심은 방을 깔끔하게 만드는 것이 아닙니다. 아이가 자신의 환경을 주도적으로 관리하고, 필요와 불필요를 구분하며, 공간에 책임감을 느끼도록 돕는 데 있습니다. 초등학교 중학년 시기는 정리정돈 습관을 형성하기에 이상적인 시기입니다. 이 시기에 아이가 자신의 환경을 주도적으로 관리하는 법을 배우고, 자기 주도성과 책임감을 키워 간다면, 이후 중고등학생 시기 생활 습관은 물론 공부 습관도 흔들리지 않습니다.

부모는 아이와 함께 정리의 의미를 나누고 즐거운 과정으로 만드는 길잡이이자 아이가 정리된 환경에서 더 큰 집중력과 자신감을 발휘할 수 있도록 돕는 파트너입니다. 아이가 정리를 통해 스스로 성장하는 모습을 지켜보는 일은 부모에게도 큰 보람입니다.

12~13세, 아이의 성향에 맞는 공부 환경은 따로 있다

✦ 집중력 지속기 ✦

12~13세는 본격적으로 사춘기가 시작되는 시기입니다. 한 부모가 6학년 자녀의 방에 들어가 "숙제는 다 했니?"라고 물었습니다. 그런데 아이는 의외로 "아니요, 카페에서 숙제하고 와서 안 해도 돼요."라고 답했습니다. 순간 부모는 깜짝 놀랐습니다. "카페? 거기가 무슨 공부하는 곳이야?"라고 꾸짖었지만 아이는 오히려 카페에서 더 집중이 잘 된다고 말했습니다.

초등 고학년~중학생 시기의 아이들은 독립성과 프라이버시를 요구하며, 자신만의 방식으로, 자신만의 학습 환경에서 집중력을 발휘하려는 경향이 강합니다. 아이 성향과 기질에 맞는 공부 환경을 조성하는 것은 정서적 안정과 자기 주도 학습 습관 형성에도 큰 영향을 미칩니다. 지금부터 구체적으로 살펴보겠습니다.

12~13세 아이들의 발달 특징

12~13세는 아이들이 신체적, 정서적, 인지적, 사회적으로 급격히 변화하는 시기입니다. 학습 동기에도 변화가 나타납니다. 초등학교 시절에는 부모나 교사의 칭찬, 점수와 같은 외적 동기가 중요했다면, 이 시기에는 자신의 목표를 이루기 위한 내적 동기가 점차 강화됩니다.

정서적으로는 감정 기복이 심해지고, 종종 자신의 감정을 통제하기 어려워합니다. 사춘기의 호르몬 변화는 불안, 짜증, 슬픔과 같은 다양한 감정을 유발하며, 때로는 스스로 자신의 감정을 이해하지 못해 혼란을 느낍니다.

이 과정에서 부모와 거리를 두고 싶어 하며, 독립적인 공간과 시간이 중요해집니다. 방문을 닫고 혼자 있는 시간이 많아지거나, 가족보다 친구와 보내는 시간을 더 소중히 여기게 됩니다. 사회적으로 또래 친구 관계가 부모보다 더 중요한 시기입니다. 친구 사이에서 인정받고 싶어 하고, 또래 집단에 소속감을 매우 중요하게 여깁니다. 12~13세는 단순히 신체적 성장만 이루어지는 시기가 아니라, 자신의 정체성을 찾아가는 중요한 전환점입니다. 이 시기의 발달적 특징을 이해하고, 아이들이 건강하게 성장할 수 있도록 응원하고 돕는 것이 부모와 주변 어른들의 역할입니다. 사춘기 아이는 방이라는 환경을 통해서 자신의 무궁무진한 가능성을 만들어 간다는 점을 기억하세요.

▶ 신체적 변화

타인의 시선을 의식하며 외모에 대한 고민이 많아집니다. 옷, 가방은 물론 방에 두는 소품에도 취향이 생깁니다.

▶ 학습 동기 변화

기존 규칙과 권위에 의문을 제기하면서 부모가 정해 준 학습 방식보다 자기만의 방식을 찾아갑니다.

▶ 자아정체성 탐색

자아정체성을 탐색하며 자기만의 취향이 형성되는 시기입니다. 아이의 방도 하나의 세계임을 기억하며 정리 습관을 지도해야 합니다.

▶ 또래 집단 인정과 소속감 중요

친구 관계가 부모보다 더 큰 영향을 미치는 시기입니다. 방의 인테리어나 배치가 아이의 자신감과 교우 관계에서 영향을 미칩니다.

자녀의 프라이버시를
우선 존중하자

이 시기 가장 중요한 건 아이가 없을 때 방을 건드리지 않는 것입니다. 중학생 자녀가 있는 부모라면 자녀 방 정리는 물론, 간단한 청소 같은 것도 절대 함부로 해서는 안 됩니다. 자녀가 집에 있을 때 자녀와 함께 방 정리를 하되, 자녀가 스스로 자기 물건을 관리하고 정리하는 습관을 갖도록 도와야 합니다.

사춘기에 접어든 아이들은 독립적인 공간과 시간이 무엇보다 중요합니다. 단순히 방이 깨끗하고 학습 도구가 잘 갖춰져 있는 것으로는 부족합니다. 방에서 자신민의 세계를 구축하려는 경향이 있기 때문이에요. 부모가 자녀의 공간을 존중하는 태도를 보이는 것이 자녀와의 신뢰를 지키는 핵심입니다.

한 학부모는 자녀가 학교에 간 사이 방을 깔끔히 정리해 주고는 뿌듯한 마음으로 자녀의 반응을 기대했습니다. 하지만 자녀는 집에 돌아와 문을 열자마자 불쾌감을 드러내며 "엄마, 내 방에 왜 들어왔어? 내가 정리하려고 했단 말이야!"라고 소리쳤습니다. 부모는 "도와주려고 그런 건데……."라며 당황했지만, 아이는 자신의 공간이 침범당했다는 느낌에 반발심을 보였습니다.

자녀 몰래 방을 정리하거나 가구 배치를 바꾸는 행동은 부모에게는 배려로 느껴질지 모르지만, 아이에게는 "공간을 침해받았다."라는 불편함과 반항심을 불러일으킬 수 있습니다. 사춘기 아이들은 신체적, 정서적으로 급격히 변화하는 시기를 건너기 때문에 자신만의 안전하고 통제 가능한 공간을 더욱 소중히 여깁니다.

작은 소품 하나에도
취향이 깃들어 있다

    또 다른 사례로, 한 아빠는 자녀의 방에 예쁜 선물을 놓아 주고 싶어 벽에 그림을 걸어 주었지만, 아이는 "왜 내 방에 이런 걸 붙였어? 나한테 물어보지도 않고!"라며 불만을 표출했습니다. 아빠는 자녀를 위한 깜짝 선물이라고 생각했지만, 아이에게는 자신의 공간에 대한 통제권을 침해받은 경험으로 남았습니다.

    이 시기의 아이들에게 방은 단순한 휴식 공간이 아니라, 자신만의 세계를 표현하는 중요한 장소입니다. 벽에 붙인 포스터 하나, 책상 위에 놓인 물건 하나에도 아이의 취향과 정체성이 담겨 있습니다. 따라서 부모가 어떤 변화나 정리를 제안할 때는 "네 방을 더 멋지게 꾸미고 싶은데, 네 생각은 어때?"라며 아이의 의견을 먼저 물어보고, 이를 반영해 나가는 방식으로 접근해야 합니다.

    이 과정은 다소 느리지만 부모와 아이 사이에 단단한 신뢰를 만듭니다. 동시에 아이는 자신의 공간을 존중받고 있다는 느낌을 받습니다. 특히 방이라는 공간은 아이들이 독립성과 자율성을 처음으로 경험하는 중요한 장소이므로, 부모는 공간의 주인이 아이임을 늘 기억하며 배려하는 태도를 가져야 합니다.

공부 습관이 잡히는
아이 방 배치

초등학교 고학년이 된 아이들에게는 공부 공간과 휴식 공간을 명확히 구분해 주는 것이 매우 중요합니다. 학교와 학원, 그리고 숙제와 각종 과제를 마치고 집에 돌아오는 아이들은 어른들처럼 피곤하기 때문에 방에서만큼은 편안하게 쉬고 싶어 합니다. 하지만 이 휴식과 학습의 공간이 뒤섞여 있다면 아이는 진정한 휴식을 취하기 어렵습니다. 아이의 공부 습관을 확실히 잡고 심리적 휴식을 돕는 변화를 만들어 볼까요?

① 창문과 책상 배치, 신중해야 한다

책상을 배치할 때 가장 먼저 고려해야 할 것은 창문과 책상의 위치입니다. 부모들은 종종 창가에 책상을 두면 개방감이 있고 밝아서 좋다고 생각하지만, 사실 창문 바로 앞에 놓인 책상은 학습 효율을 떨어뜨릴 수 있습니다. 한낮의 강한 햇빛은 눈의 피로를 가중하고, 창밖의 움직임은 아이의 주의를 산만하게 만듭니다.

예를 들어, 한 초등학생은 창문 앞 책상에서 공부를 시작했지만, 바람에 흔들리는 나뭇가지나 지나가는 차를 보며 쉽게 딴생각에 빠지곤 했습니다. 책상을 벽 쪽으로 옮기고 나서야 공부 시간 동안 온전히 몰입할 수 있었습니다. 벽을 바라보는 책상 배치는 외부의 시각적 방해 요소를 줄이고 안정감을 제공합니다. "벽을 보는 게 답답하지 않을까?" 하고 걱정하는 부모도 있지만, 사실 벽은 아이에게 심리적 안정감을 줍니다. 암막 커튼을 활용해 외부의 빛과 소음을 차단하는 것도 좋습니다. 암막 커튼은 아이가 낮에도 밝기를 조절하며 학습할 수 있도록 도와줍니다. 외부 자극이 줄어들면서 아이는 해야 할 일에 더 몰두할 수 있습니다.

② 방문을 등지지 않는 배치

책상의 위치를 정할 때 또 하나 중요한 점은 방문입니다. 많은 부모가 '공부에만 집중하도록' 방문과 반대 방향으로 책상을 배치합니다. 그러나 방문을 등지고 있으면 아이는 누군가 갑자기

아이 성향에 맞게 벽 쪽으로 책상을 옮기고 암막 커튼을 달아 주었다. 방문을 등지지 않도록 배치했다.

들어올까 긴장하고 불안해합니다. 한 중학생은 방문이 뒤에 있는 책상에서 공부하다 자주 뒤를 돌아보며 문을 확인하곤 했습니다. "누가 들어올까 봐 불안해서 집중이 안 돼요."라는 말을 듣고 책상을 방문을 바라보는 방향으로 바꾸었고, 이후 아이는 더 편안하게 공부할 수 있게 되었습니다. 방 배치에서 중요한 것은 아이가 심리적으로 안정감을 느끼는 방향을 선택하는 것입니다.

③ 책상에서 침대가 보이지 않도록

한 아이는 방에 침대와 책상을 나란히 배치해 둔 상태에서 공부하려고 책상에 앉았지만, 시선을 조금만 돌리면 편안해 보이는 침대가 눈에 들어왔습니다. 결국 "조금만 누웠다가 하자!"라는 생각에 침대로 가 누웠고, "5분만 더!"를 외치다 잠이 들어 버리는 날이 반복되었습니다. 제가 상담을 했을 때, 아이도 스스로 "왜 공부가 잘 안 되는 걸까?" 하고 고민하고 있었습니다. 저는 침대와 책상의 배치가 잘못되었다는 판단을 내리고 침대와 책상을 서로 반대 방향으로 배치해 공부할 때 침대가 보이지 않도록 바꿨습니다.

④ 공부 공간과 휴식 공간 분리

상담을 하다 보면 자녀가 "방 때문에 스트레스를 받는다."라고 하소연하는 부모들이 많은데, 이 경우 자기 방이 마음에 들지 않아 집에서 공부도 하지 않고, 친구들을 초대하기도 싫다는 반응이 대부분입니다.

한 부모는 자녀의 방을 너무 학습 중심으로만 꾸며 놓은 탓에 문제가 생겼습니다. 방 안에는 교과서와 문제집이 가득한 책장, 수시로 울리는 알림 타이머, 그리고 자녀가 싫어하는 딱딱한 의자만 있었습니다. 아이는 "방에만 들어가면 답답하고 공부만 해야 할 것 같아서 싫어요."라고 말하며 방을 피하고 거실에서 시간을 보내려 했습니다. 공간 솔루션을 통해 아이와 함께 방의 색감과 인테리어를 바꾸기로 했습니다. 벽지에 아이가 좋아하는 차분한 톤의 색을 더하고, 기존의 딱딱한 의자 대신 편안한 쿠션이 있는 의자를 들였습니다. 또 침대 옆에는 아이가 좋아하는 디자인의 빈백과 쿠션을 두어 휴식공간을 마련했습니다. 이후 아이는 "방이 더 편안해졌어요."라며 자신의 방에서 더 많은 시간을 보냈습니다.

학습 공간과 휴식 공간이 분리되지 않으면 아이는 어디서도 온전히 집중하거나 쉴 수 없는 상태에 놓이게 됩니다. 침대 옆에 책상이 붙어 있거나, 교과서와 문제집이 늘 눈에 보이는 곳에 놓여 있다면, 아이는 침대에서 쉬는 동안에도 "저 책을 읽어야 하는데……." 하고 압박감을 느껴 오히려 더 스트레스를 받을 수 있습니다. 공부 공간과 휴식 공간의 분리는 단순히 물리적인 배치를 넘어서, 아이가 자신만의 리듬과 심리적 안정감을 찾도록 돕습니다.

아이가 좋아하는 장식품이나 인형은 책상 근처에 두되,
공부할 때 시선이 닿지 않는 곳에 배치하면 아이와 부모 모두 만족할 수 있다.

아이와 함께
가구 고르기

많은 부모가 아이가 더 집중하기를 바라는 마음에 독서실 책상이나 깔끔한 수납 용품을 사 주곤 합니다. 하지만 이런 노력이 효과를 발휘하려면, 공부방을 꾸미는 과정에서 자녀의 의견과 성향을 바탕에 두는 게 우선입니다. 모든 아이에게 꼭 맞는 정답은 없습니다.

초등학교 고학년이 되면서 아이의 정체성과 취향도 변하기 때문에, 방을 재구성할 때 새로운 소품을 고르는 과정에 참여시키길 추천합니다. 특히 초등학교 저학년 시절 사용하던 물건들이 여전히 방에 남아 있다면, 이 시점에서 한 번 점검해 보는 것도 좋습니다. 예전에는 좋아했지만 이제는 취향에 맞지 않는 소품들을 치우고 함께 가구를 사러 가 보세요. 저는 정리 컨설팅을 하며 아이와 부모가 함께 가구 매장을 방문해 직접 스탠드 조명이나 이불 세트를 고르며 방을 꾸미길 권합니다. 한 아이는 "우리 방은 그냥 내 취향도 없고, 맨날 엄마가 정해 주는 대로 꾸며져 있어요."라고 불만을 털어놨지만, 부모가 함께 방을 새롭게 꾸민 뒤에는 "이제 내 방이 진짜 내 공간 같아요!"라며 변화를 받아들였습니다. 이러한 과정을 통해 부모는 아이의 취향을 자연스럽게 알아 가며 소통하는 시간을 늘릴 수 있고, 아이는 자신의 방에 애착을 느끼게 됩니다.

초록빛 식물로
작은 변화 주기

큰 가구를 장만하기 부담스럽다면 식물을 놓아 주세요. 식물은 방 안에 자연스러운 생기를 불어넣고, 정서적 안정감을 더해 줍니다. 화분에 심긴 작은 선인장이나 물을 자주 주지 않아도 되는 다육식물, 공기정화 식물은 아이들이 부담 없이 키우기 좋습니다. 한 아이는 부모와 함께 화분을 고르러 갔다가 귀여운 선인장을 선택하며 어른 방 같아졌다며 뿌듯해했습니다. 아이가 직접 물을 주고 가꿔야 하기 때문에 식물을 키우는 것은 책임감을 기르는 데도 도움이 됩니다.

방은 하나의 세계관이다

아이들이 사춘기에 접어들면 자기 방에 머무는 시간이 늘어납니다. 방은 아이의 정체성과 세계관이 담기는 장소이자 스스로를 표현하고 세상과 연결하는 개인적인 공간입니다. 다른 친구들의 방을 보며 자신의 방과 비교하는 일도 잦아집니다.

한 아이는 친구 집에 놀러 갔다가 친구 방에 놓인 멋진 책상과 조명을 보고 돌아와 부모에게 투정했습니다. "왜 우리 집은 이렇게 못생겼어? 친구 방은 진짜 좋던데!" 아이가 자신의 방을 부끄러워하거나 만족하지 못한다면, 친구를 집으로 초대하는 것을 꺼릴 수 있고, 자연스럽게 교우 관계에도 영향을 미칩니다. 방은 아이의 자신감을 형성하는 중요한 기반이 되기 때문입니다.

방이 단순히 '지내는 곳'이 아니라 '나를 표현하는 공간'이라는 느낌을 받을 때, 아이는 방을 정리하고 꾸미게 됩니다. 방의 배치와 인테리어를 성향과 취향에 맞게 조정하되, 과도하게 화려하게 꾸미거나 최신 유행을 따라가려 하기보다는 깔끔하고 정돈된 느낌을 유지하면 충분합니다. 아이가 좋아하는 색상을 활용한 침구 세트, 아이가 직접 고른 소품이나 장식품으로 포인트를 주세요.

방은 아이의 세계관을 반영하는 거울과도 같습니다. 이 공간에서 아이는 자신만의 정체성을 탐구하고, 세상에 대한 자신감을 키워 갑니다. 부모는 조력자 역할을 하며 최적의 학습 환경을 만들어 가야 합니다. 방을 꾸미는 과정은 부모와 아이가 교감하는 시간이 될 수 있습니다.

카페에서
공부하는 아이들

'카공족(카페에서 공부하는 사람)'이라는 신조어가 생길 정도로 적당히 소음이 있는 카페에서 공부하는 아이들이 많아졌습니다. 예전에는 도서관처럼 조용한 환경이 공부에 가장 적합하다는 인식이 강했지만, 요즘 아이들은 자신만의 학습 스타일에 따라 다양한 환경을 선호합니다. 카페와 같은 공간이 집중력을 높여주고 창의적 사고를 촉진할 수 있다는 연구 결과도 이를 뒷받침합니다.

적정 소음 이론에 따르면, 완벽히 조용한 환경은 오히려 창의적 사고를 저해할 수 있습니다. 카페처럼 적당히 소음이 있는 환경은 백색 소음과 비슷한 효과를 제공하며, 외부 방해 요소를 차단하고 심리적 안정감을 줍니다. 아이들은 정적인 환경에서 느끼는 답답함을 해소하며 학습에 몰입할 수 있습니다.

한 학부모는 아이를 따라 카페에 갔다가 놀라운 장면을 목격했습니다. 아이가 카페 한쪽 테이블에 앉아 이어폰을 끼고, 앞에는 문제집과 노트북을 펼쳐 두고 진지하게 숙제를 하고 있었습니다. 정적인 환경보다 카페의 적당히 분주한 분위기에서 더 잘 몰입하는 성향의 아이는 "도서관은 너무 조용해서 오히려 불안해요.", "책 넘기는 소리나 연필 움직이는 소리까지 들리니까 집중이 안 돼요. 카페에서는 사람들 말소리랑 음악이 섞여서 그게 더 좋아요."라고 설명했습니다. 부모는 처음엔 의아했지만, 결국 아이에게 맞는 환경을 존중하며 스터디 카페 이용권을 선물하기로 했습니다.

부모들은 종종 "도서관에서 공부해야 한다."라는 고정관념을 가지고 아이에게 특정 환경을 강요합니다. 하지만 모든 아이들이 조용한 공간을 선호하지는 않습니다. 어떤 아이들은 도서관에서 느껴지는 지나치게 엄숙한 분위기나 정적 때문에 오히려 학습 의욕이 떨어지기도 합니다.

"집중이 안 되니까 카페에서 공부는 안 돼!"라고 단정 지으면, 아이와 갈등이 생길 수 있습니다. 오히려 "어떤 환경에서 공부가 더 잘 돼?"라고 물어보고, 아이가 스스로 학습 효율을 느낄 수 있는 환경을 탐색하도록 도와주는 것이 중요합니다.

공부하는 뇌에
새로운 자극을

카페는 단순히 소음이 있는 공간일 뿐 아니라, 새로운 환경을 제공함으로써 아이들에게 심리적 전환을 제공합니다. 같은 공간에서 반복적으로 공부하면 지루함을 느낄 수 있지만, 카페와 같은 공간에서는 적당히 새로운 자극과 에너지를 얻을 수 있습니다. 이는 환경 심리학에서도 강조하는 부분으로, 익숙한 공간에서 벗어나 새로운 환경에서 학습할 때 동기 부여와 집중력이 높아진다는 연구 결과와 일맥상통합니다.

물론 모든 아이가 카페에서 공부하는 것을 선호하는 것은 아닙니다. 부모는 아이의 성향을 관찰하고, 어떤 환경이 더 적합한지 대화를 통해 알아봐야 합니다. 집에서 공부를 선호하는 아이에게는 조용하고 편안한 공간을 만들어 주는 것이 중요하고, 카페를 선호하는 아이에게는 그 환경을 존중하되, 너무 빈번하게 이용하지 않도록 조절할 필요가 있습니다. 예를 들어, '카페에서 공부한 후 집에서 복습하기' 같은 규칙을 정하면, 카페와 집 모두 활용해 학습 효과를 극대화할 수 있습니다.

카페에서 공부하는 아이들을 이해하려면, 부모는 고정관념을 내려놓고 아이의 성향에 맞춰 유연하게 다가가야 합니다. 카페에서 공부하는 아이들이 원하는 건 단순히 백색 소음이 아니라 심리적 안정감과 동기 부여입니다. 아이의 마음 상태를 인정하고 아이가 자신의 학습 스타일을 발견해 나가도록 돕는 것이, 부모가 줄 수 있는 가장 큰 지원일 것입니다.

공간 마법사의 핵심 ✦ TIP ④

40평 정주네: 쌍둥이 형제의 방을 만들어 주고 싶어요

넓은 거실이 있는 정주네 집.

서울시 청량리에 사는 정주네는 27개월 된 남자아이 쌍둥이를 키우는 가족입니다. 좁은 빌라에서 40평대의 넓은 집으로 이사하며 꿈에 그리던 공간을 마련했지만, 막상 넓어진 집에 짐을 정리하고 공간을 배치하는 일은 큰 숙제처럼 다가왔습니다. 이삿짐센터가 짐을 거실 한가운데 부리고 떠난 후, 정주 엄마는 넓어진 공간을 어떻게 활용해야 할지 막막했습니다. 특히 쌍둥이를 위한 침실과 공부방, 놀이방을 따로 만들고 싶다는 꿈은 있지만, 출발점조차 잡지 못한 상태였습니다.

정주네 집 거실을 만들어 봅시다

정주네 가족처럼 새로운 집으로 이사하면 넓어진 공간을 어떻게 활용해야 할지 막막할 때가 있습니다. 특히 아이들이 있는 집이라면 놀이기구, 책상, 소파, 식탁처럼 배치해야 할 물건이 참 많죠. 여러분도 정주네 가족이 된 것처럼 생각하며, 아래 물건들을 거실에 배치해 볼까요?

①텔레비전　②놀이기구　③쌍둥이 책상　④책장　⑤소파　⑥장난감 수납함

배치할 때 고려할 점

▶ 아이들이 안전하게 뛰어놀 수 있도록 충분한 놀이 공간을 확보하세요.
▶ 가족들이 함께 시간을 보낼 수 있도록 공용 공간을 편리하게 구성하세요.
▶ 각 공간이 서로 간섭하지 않도록 동선을 고려하세요.

각 물건의 용도와 기능을 생각하며, 가장 적합한 위치를 정해 번호를 적어 보세요.

4인 가구 정주네 거실

무엇을 어떻게
정리해야 할지 막막할 때

정주 엄마처럼 좁은 집에서 넓은 집으로 이사를 하며 "무엇을 어떻게 정리해야 할지 모르겠다."라고 고민하는 분들이 많습니다. 특히 넓은 공간을 처음 접하면 빈 공간을 어떻게 활용할지 몰라 방치하거나 오히려 필요 이상으로 물건을 채워 넣는 경우도 있습니다.

정주네 집 역시 비슷한 상황이었습니다. 쌍둥이를 위해 공부방과 놀이방을 따로 만들어 주고 싶다는 바람은 있었지만, 넓은 거실의 활용 방안을 생각하면 어디서부터 시작해야 할지 몰라 막막함부터 앞섰지요.

침실은 오직 수면 공간으로만
활용할 수 있도록 배치했다.

저는 정주 엄마의 요청을 듣고, 거실에 디귿(ㄷ)자 형태의 책장 파티션을 설치해 하나의 공간 안에 놀이방과 공부방을 구분 지어 주었습니다. 책장은 책과 장난감을 정리하는 수납 용도로 쓰이는 동시에, 공간을 구분해서 쌍둥이에게 안정감을 줍니다. 침실은 오직 수면 공간으로만 활용할 수 있도록 설계해 아이들이 더 깊고 편안한 잠을 잘 수 있도록 조성했습니다. 어린아이들에게는 수면의 질이 무엇보다 중요하기 때문입니다.

**불필요한 동선을
줄여 주는 배치**

아이들이 어릴 때는 엄마가 살림을 하면서도 아이들에게 끊임없이 시선을 주어야 합니다. 정주네처럼 40평대 이상의 넓은 공간에서는 아이들이 방에 있을 때 엄마가 집안일을 하면서 계속 아이들을 들여다봐야 하는 일이 생길 수 있습니다. 동선이 길어질수록 엄마의 피로도가 높아지기 마련이겠지요.

책장 파티션 없이 거실 전체를 놀이 공간으로 사용하는 게 가장 간단합니다. 하지만 이 배치는 아이들은 집 안 전체를 돌아다니며 장난감을 늘어놓아 점점 산만해질 수 있습니다. 이 문제를 해결하기 위해 거실에 전용 놀이 공간을 만들어 주었습니다. 아이들은 책장으로 구분된 공간 안에서만 장난감을 가지고 놀았고, 엄마는 거실에서 집안일을 하면서도 아이들의 모습을 계속 볼 수 있어 안심하게 되었습니다. 특정 공간을 놀이방으로 지정

놀이 공간도 장난감 종류에 따라 책장을 기준으로 분리할 수 있다.

넓은 수납함을 사용하면 통째로 꺼내서 사용할 수 있다.

해 주는 것은 아이들에게 "이곳은 내 공간이야."라는 안정감을 줄 뿐 아니라, 스스로 물건을 정리하고 관리하는 습관을 길러 주는 데 효과적입니다.

엄마, 아빠를 위한 휴식 공간의 중요성

20평대와 같은 좁은 집일수록 부모들이 아이를 위해 거실과 방 전체를 내어 주는 경우가 많습니다. "어차피 아이가 어리니까 우리 부부는 잠시 양보하자!"라는 생각이지만, 이러한 선택은 부모의 피로와 스트레스를 가중시키는 결과로 이어집니다.

육아는 그 자체로 에너지가 많이 소모되는 일입니다. 엄마, 아빠가 쉴 수 있는 공간 없이 모든 공간을 아이에게 내어 주면, 부모는 점점 지치고 결국 아이에게 짜증을 내는 상황이 생길 수 있습니다. 아이에게 최선을 다하고 싶은 마음은 이해되지만, 부모가 재충전할 공간을 확보하는 것이 더 건강한 육아를 돕는 길입니다.

아이들의 놀이 공간 옆에 부모가 휴식할 수 있는 소파를 배치했다.

쌍둥이네 거실 변신
완벽 가이드

좁은 집에서 넓은 집으로 이사를 하면 처음엔 설렘이 크지만, 막상 빈 공간을 어떻게 채우고 활용할지 막막한 경우가 많습니다. 이럴 때 적용할 수 있는 넓은 거실 활용법을 소개합니다. 이 가이드는 아이와 부모 모두가 편안하게 생활할 수 있는 효율적인 방법입니다. 이는 쌍둥이네뿐 아니라 다자녀 집에도 적용할 수 있습니다.

① 텔레비전
텔레비전은 거실 벽면 중앙에 배치합니다. 가족 모두가 편안하게 시청할 수 있도록 소파와 마주 보도록 합니다. 아이들이 화면 가까이 가지 않도록 적절한 거리를 유지하고, 높이를 조정해 안전하게 설치하는 것이 중요합니다.

② 놀이기구
놀이기구는 거실의 한쪽 코너에 배치합니다. 햇빛이 잘 드는 밝은 공간을 선택해 쾌적한 환경을 조성합니다. 바닥에는 놀이 매트를 깔아 아이들이 안전하게 사용할 수 있도록 하고, 부모의 동선을 방해하지 않는 자리를 고려합니다.

③ 쌍둥이 책상

쌍둥이 책상은 텔레비전 반대편 벽면 근처에 배치합니다. 놀이 공간과 시각적으로 분리된 위치를 선택해 아이들이 한 가지 학습에 집중할 수 있도록 합니다.

④ 책장

디귿(ㄷ)자 형태의 책장을 파티션 삼아 베란다 앞에 설치합니다. 부모의 시선을 가리지 않으면서도 넉넉한 수납이 가능합니다.

⑤ 소파

소파는 거실 중앙에 배치해 텔레비전과 마주 보게 둡니다. 소파는 부모가 편안히 쉴 수 있는 휴식 공간의 중심입니다. 소파 뒤쪽은 아이들의 놀이 공간으로 설정해 거실을 두 가지 용도로 나눕니다. 이러한 배치는 부모가 쉬면서도 아이들을 쉽게 관찰할 수 있다는 장점이 있습니다.

⑥ 장난감 수납함

수납함은 놀이 공간을 중심으로 양옆으로 배치합니다. 꼭 벽면에 붙여야 한다는 생각을 버리면, 파티션으로 활용해 뒤편에는 아이가 만지면 안 되는 물건을 두고 공간을 구분할 수 있습니다.

공간 마법사의 핵심 ✦ TIP ⑤

35평 동일이네: 중학생 아이 물건, 동생한테 물려줘야 할까요?

경기도 하남시에 거주하는 동일이네 가족은 5인 가구로, 방이 총 4개였습니다. 첫째 동일이와 둘째에게 각각 방을 배정하고, 나머지 한 방은 드레스룸 겸 막내의 놀이 공간으로 활용하고 있었죠. 둘째는 안정감을 우선시하는 성향으로 가구 배치에 특별히 신경 썼고, 막내는 창의력과 안정감을 고려해 놀이방을 꾸몄습니다. 그런데 문제는 동일이의 방에 있었습니다.

책장에 어린이 학습만화 전집이 꽂혀 있지만 정작 방 주인인 중학생 동일이는 읽지 않는다.

동생에게 물려줄 물건,
어디에 둘까?

첫째인 동일이는 중학생으로 청소년기에 접어들며 공부에 집중할 수 있는 학습 환경 조성이 무엇보다 중요했습니다. 정리 전의 동일이 방을 보면, 책장에 중학생에게 필요 없는 전집이 꽂혀 있었습니다. 전집이 왜 여기에 있었을까요? 이유는 간단했습니다.

"나중에 둘째한테 물려주려고요. 버리기엔 너무 아깝잖아요."

하지만 물려줄 물건이라 하더라도 첫째 방에 두면 문제가 생깁니다. 동일이는 정작 자신의 교과서나 문제집을 깔끔히 정리하지 못하고, 찾는 데 시간을 허비하기 일쑤였습니다. 동일이의 방은 학습 공간임에도 불구하고, 필요 없는 물건들이 공간을 차지하면서 학업에 방해가 되었습니다.

결국 전집은 동일이 방에서 막내 놀이방으로 옮겨졌습니다. 막내는 전집을 자주 읽거나 활용할 나이에 더 가까웠고, 놀이방에 전집을 배치하니 공간 활용도와 효율이 훨씬 높아졌습니다. 정리정돈 후 필요 없는 물건들이 사라지자 동일이의 방은 한결 깔끔해졌고, 학습에만 몰두할 수 있는 환경이 마련되었습니다.

첫째 방에 있던 전집을
막내의 놀이방으로 옮겼다.

아이의 자립심을
키워 주는 공간

정리 후 동일이는 "이제야 진짜 공부할 수 있는 방이 된 것 같아요."라며 만족감을 표현했습니다. 부모 역시 "필요 없는 물건이 사라지니 공간이 정말 넓어 보이고, 아이도 훨씬 스스로 정리정돈을 잘하게 됐어요."라고 이야기했습니다. 동생에게 물려줄 물건이라면, 누구의 공간에 있어야 가장 효율적일지 다시 한번 고민해 보세요. 불필요한 물건으로 아이의 공간이 혼란스러워진 상황을 방치하지 않고, 공간을 재구성하면 부모와 아이 모두가 만족할 수 있습니다. 정돈된 공간은 아이의 학습뿐만 아니라 온 가족의 일상에도 긍정적인 변화를 가져옵니다.

아이와 부모가 함께하는 공간 정리 Q&A
아이 방 편

Q1 아이 방 구조 | 공부 공간과 놀이 공간을 분리하는 효과적인 방법은?

A 공부 공간과 놀이 공간이 구분되지 않으면 아이가 집중하기 어려워집니다. 공간이 넓지 않더라도 시각적으로 구분하는 방법을 활용하면 효과적입니다.

① 가구 배치를 이용해 공간을 나누세요. 책상과 놀이 매트를 분리 배치하거나, 낮은 책장이나 파티션을 활용하면 공간이 자연스럽게 구분됩니다.

② 가구의 색과 간접 조명을 활용해 분위기를 다르게 설정하세요. 학습 공간은 조명을 밝게 하고 차분한 색을 사용하면 집중력이 향상됩니다. 반면, 놀이 공간은 부드러운 조명과 밝은 색상을 사용하면 창의력이 자극됩니다.

③ 수납 시스템을 별도로 마련하세요. 놀이 도구와 학습 도구를 따로 정리할 수 있도록 각각 전용 수납함을 두면, 아이가 공간을 구분해 활용하는 습관이 자연스럽게 형성됩니다.

Q2 놀이 공간 정리 | 아이가 블록, 퍼즐을 스스로 정리하게 하려면?

A 블록과 퍼즐은 조각이 많아 쉽게 어질러지기 때문에 정리 시스템을 단순화하는 것이 중요합니다.

① '블록 정리 바구니', '퍼즐 전용 수납함'처럼 사용 목적에 따라 별도의 수납 공간을 만들어 주세요.

② 놀이가 끝나면 정리하는 게 당연하다는 분위기를 조성하고, '누가 더 빨리 정리하나?' 놀이처럼 진행하면 재미있게 참여할 수 있습니다.

③ 블록과 퍼즐이 섞이지 않도록 투명 정리함을 사용하고, 그림 라벨을 붙여 아이가 쉽게 정리할 수 있도록 도와주세요.

Q3 장난감 정리 | 장난감이 늘어나는 걸 막고 정리 습관을 들이는 방법은?

A 장난감이 계속 쌓이는 것을 막으려면, 장난감 개수를 제한하고 정리 시스템을 단순화하는 것이 중요합니다.

① '장난감 도서관' 개념을 활용하세요. 한 번에 모든 장난감을 꺼내지 말고, 일부는 수납 박스에 보관한 뒤 한 달에 한 번씩 교체하면 신선한 놀이 환경을 유지할 수 있습니다.

② 장난감을 종류별로 정리하는 바구니나 서랍을 만들어 주세요. 블록, 인형, 자동차 등 카테고리를 정해 두면 찾기도 쉽고 정리도 간편해집니다.

③ 정리 공간을 아이 키에 맞춰 배치하고, 쉽게 넣고 뺄 수 있도록 하면 정리 습관이 자리 잡습니다.

Q4 옷 정리 | 금방 작아지는 아이 옷, 효율적으로 관리하는 방법은?

A 아이의 옷은 계절마다 빠르게 쌓이므로, 주기적인 정리와 보관 방법이 중요합니다.

① 계절이 바뀔 때마다 '옷 정리 주간'을 정하고, 입지 않는 옷을 기부하면 어떨까요?

② '옷걸이 개수 제한'을 두면 자연스럽게 불필요한 옷을 줄일 수 있습니다. 예를 들어, 20개의 옷걸이만 유지하는 식으로 정리하면 좋습니다.

③ 사용 빈도가 높은 옷은 손이 닿기 쉬운 곳에, 계절이 지난 옷은 서랍이나 진공팩에 보관하세요.

Q5 아이가 자주 쓰는 물건 | 학용품, 장난감, 책을 효율적으로 배치하는 팁은?

A 아이가 자주 사용하는 물건은 쉽게 꺼내고 쉽게 넣을 수 있는 구조로 정리해야 합니다.

① 학용품은 펜꽂이나 작은 서랍을 활용해 한눈에 볼 수 있도록 배치하고, 사용 후 정리하는 습관을 들여 주세요.

② 장난감은 카테고리별로 바구니를 나누고, 바닥이 아닌 선반에 배치하면 찾기도 쉽고 공간도 절약됩니다.

③ 책은 아이 키에 맞는 높이에 배치하고, 앞표지가 보이도록 전면 책장에 정리하면 아이가 직접 골라서 읽는 습관이 생깁니다.

Q6 취미 용품 정리 | 미술 도구, 레고, 피아노 악보 등 취미 용품이 많다면?

A 취미 용품은 자주 사용하지만 보관이 어렵기 때문에 정리 시스템을 구축하는 것이 중요합니다.

① 레고, 퍼즐 등 작은 부품이 많은 장난감은 '칸막이 정리함'을 활용해 분류하면 찾기가 쉽습니다.

② 미술 도구는 휴대가 간편한 '포트폴리오 파일'이나 '도구별 정리함'에 보관하면 깔끔합니다.

③ 피아노 악보나 색종이 등 종이류는 서류철을 사용해 세로로 보관하면 차곡차곡 정리될 수 있습니다.

Q7 미술 도구 정리 | 아이가 미술 도구를 깔끔하게 보관하게 하려면?

A 크레파스, 색연필, 물감, 붓 등 미술 도구는 쉽게 어질러질 수 있어 카테고리별로 정리하는 시스템이 필요합니다.

① 투명 서랍 정리함을 활용하면 한눈에 볼 수 있어 아이가 쉽게 꺼내고 정리

할 수 있습니다.
② 펜꽂이 또는 컵 홀더를 활용하면 색연필과 붓을 세워 정리할 수 있습니다.
③ 사용 빈도가 낮은 미술 도구는 별도 박스에 보관하고, 일정 기간마다 필요 여부를 점검하세요.

Q8 준비물 | 학교 준비물을 스스로 챙길 수 있도록 돕는 방법은?
A 아이가 스스로 준비물을 챙기려면 수납공간을 정하고, 소지품을 체크하는 습관이 필요합니다.
① '가방 정리 존'을 만들어 주세요. 현관 근처나 방 안에 자주 쓰는 준비물 바구니를 마련하면 가방이 바뀌어도 등하교 시 쉽게 챙길 수 있습니다.
② 학교 준비물 체크 리스트를 활용하세요. '숙제 파일, 필통, 알림장' 등 반드시 챙겨야 할 물건을 리스트로 만들어 매일 아침 점검하는 습관을 들이면 실수 없이 준비할 수 있습니다.
③ 하루를 마칠 때 '가방 속 정리 시간'을 가지세요. 불필요한 물건을 빼고 다음 날 필요한 준비물을 미리 챙기는 습관을 들이면 아침 등교 준비가 훨씬 수월해집니다.

PART 3

성적이 쑥쑥 오르는
집 안 정리의 기술

집 안 환경은 아이의 학업과 성장에 지대한 영향을 미칩니다. 많은 부모가 성적 향상을 위해 학원과 과외에 의존하지만, 정작 집 안 환경이 아이의 학습에 미치는 영향을 간과하는 경우가 많습니다. 집은 아이의 일상과 학습 습관이 형성되는 가장 중요한 공간입니다. 특히 정리정돈이 잘된 집 안은 아이가 학습에 몰입할 환경을 만들어 주고, 이는 자연스럽게 성적 향상으로 이어질 수 있습니다.

어질러진 방에서 아이는 자주 혼란스러움을 느끼고, 필요한 물건을 찾느라 시간을 낭비합니다. 교과서를 찾으려 책상 위를 헤집거나 필요한 필기구를 찾지 못해 스트레스를 받는 상황을 쉽게 떠올릴 수 있지요. 반면, 체계적으로 정리된 방은 필요한 것을 빠르게 찾을 수 있도록 도와주고, 아이가 오롯이 공부에만 집중할 수 있게 합니다. 이뿐만 아니라 시간 관리 능력을 키워 주고, 아이가 자신만의 질서와 규칙을 따르도록 훈련하는 계기를 마련해 줍니다.

스스로 물건을 정리하는 과정에서 아이는 무엇이 필요한지 선택하고, 불필요한 것을 과감히 비워 내면서 결단력을 기릅니다. 이러한 과정은 아이의 자율성과 자신감을 높여 줄 뿐 아니라, 다른 영역에서도 적극적인 태도를 형성하는 데 기여합니다.

정리정돈의
목적을 생각하다

어수선한 환경은 아이에게 무의식적인 스트레스를 유발할 수 있습니다. 방이 어질러져 있으면 아이의 마음도 복잡해지고, 이는 불안감과 초조함으로 이어질 가능성이 높습니다. 특히 자주 보는 물건들이 어지럽게 흩어진 공간은 아이가 심리적으로 무질서함을 느끼게 만들어 학습 의욕을 떨어뜨릴 수 있습니다. 반면, 정돈된 환경은 예측 가능성과 안정감을 제공합니다. 아이는 정돈된 공간에서 "여기는 내가 통제할 수 있는 공간"이라고 느끼게 됩니다.

정리정돈은 또한 아이들에게 성취감을 제공합니다. 단순히 부모의 요구로 정리된 방이 아니라, 아이 스스로 정리하고 관리한 방은 성취감의 원천이 됩니다. "이건 내가 정리했어!"라는 작은 자부심이 쌓이면서, 학습뿐 아니라 생활 전반에서도 긍정적인 변화를 이끌어 냅니다.

정리정돈은 계획과 실행력을 키우는 훈련의 장이기도 합니다. 물건을 정리하는 과정에서 아이는 순서를 정하고 목표를 설정하며, 직접 실행하는 경험을 쌓게 됩니다. 예를 들어, "책상을 정리한 후 책장에 책을 꽂고, 서랍에는 필기구를 정리해야지."와 같은 작은 계획을 세우고 실천하면서, 자연스럽게 주체성을 키워 나갑니다. 이러한 경험은 학습과 생활 전반의 목표 달성 능력을 키우는 데 기여합니다.

결국 정리정돈은 아이가 자신의 환경을 통제하고, 자신감을 쌓으며, 학습과 생활에 필요한 능력을 키워 가는 중요한 성장의 과정입니다. 부모가 정리정돈의 중요성을 인식하고 아이와 함께 실천한다면, 아이는 더 안정적이고 긍정적인 태도로 학습과 일상을 이끌어 갈 것입니다.

스킬 1 ✦ 아이가 직접 방을 꾸미면 공부 시간이 늘어난다

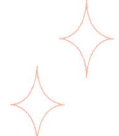

아이에게 방을 내어 준다면, 그 공간은 단순히 잠을 자거나 공부하는 장소가 아니라, 아이가 자신만의 주체성을 표현할 수 있는 공간이어야 합니다. 부모가 일방적으로 가구를 배치하거나 인테리어를 결정하는 것은 오히려 아이의 생활 패턴과 맞지 않아 불편함을 줄 수 있습니다. 예를 들어, 한 학부모는 "이 책상은 창가에 두면 보기에도 좋고 공부도 잘될 거야."라는 생각으로 가구를 배치했지만, 아이는 매일 창밖을 내다보며 산만해졌습니다. 결국 아이는 책상을 옮기고 싶다고 했고, 이후 방 구조를 다시 조정해야 했습니다. 이러한 상황을 방지하려면 아이가 자신의 방을 설계하는 데 주도적으로 참여할 수 있어야 합니다. 아이에게 다음과 같이 질문하며 의견을 물어보세요.

"이 공간에서 너는 무엇을 하고 싶니?"
"책장은 어디에 두는 게 더 좋을까?"

"이 침대 위치는 괜찮아? 바꾸고 싶니?"

다양한 질문을 통해 아이와 대화를 나누며 방을 구성해 보세요. 아이는 자신만의 공간에 애착을 느끼고 더 적극적으로 정리하고 관리하게 됩니다. 스스로 결정한 공간에서 아이는 자신감을 키우고, 자신의 생활에도 주체적인 태도로 임합니다.

방을 꾸미는 데 있어
아이 선택이 중요한 이유

아이의 방을 설계하는 과정은 단순히 가구 배치의 문제가 아니라, 아이가 자신의 의견을 표현하고, 삶에 대한 통제감을 느끼게 하는 기회입니다. 반면, 부모가 아이의 의견을 무시한 채 공간을 설계하면, 아이는 자신의 생활 패턴과 맞지 않는 공간에서 불편함을 느끼고, 점차 방에 대한 애착을 잃게 됩니다. 아이의 학습 효율을 떨어뜨릴 뿐만 아니라, 주체적인 태도를 기를 기회를 빼앗는 결과로 이어질 수 있습니다.

스스로 꾸민 방은 아이에게 자부심과 책임감을 줍니다. 한 초등학생은 자신의 방을 꾸민 뒤 "내가 이걸 다 결정했어요!"라며 뿌듯함을 표현했고, 이후 방을 더 깔끔하게 유지하려는 모습을 보였습니다. 방 정리는 부모가 강요하지 않고 아이가 스스로 실천하고 싶어 해야 합니다.

방 꾸미기를 통해 경험한 주체성은 아이의 생활 전반으로 확장됩니다. 학교나 친구 관계에서도 자신의 의견을 더 명확히 표현하고, 도전적인 태도를 가지는 데 긍정적인 영향을 미칩니다.

주체성을 기르는 시간

아이 방은 부모가 꾸며 주는 공간이 아니라, 아이와 함께 만들어 가는 공간이어야 합니다. 부모는 조언자 역할을 하며, 자녀가 스스로 자신의 환경을 설계하고 관리할 수 있도록 돕는 것이 중요합니다. 아이에게 선택권과 생각할 시간을 주어야 주체성을 기를 수 있습니다.

① 아이와 함께 계획 세우기

방의 배치를 계획하는 과정에서 아이는 자신의 의견을 표현하고, 공간을 스스로 구성하는 즐거움을 느낄 수 있습니다. 아이가 원하는 바를 충분히 들어준 뒤, "그럼 이렇게 하면 어때?"라며 생각을 보완해 주세요.

② 작은 선택부터 시작하기

아이가 처음부터 방 전체를 설계하기 어려워한다면, 소품이나 가구 위치와 같은 작은 선택부터 시작해 보세요. "책장은 여기 두는 게 좋을까? 아니면 저쪽이 나을까?" 같은 간단한 질문을 통해 아이가 선택의 과정을 경험하도록 돕는 것이 중요합니다.

③ 주기적인 변화를 시도하기

아이가 자신이 꾸민 방에 익숙해질 때쯤, 부모가 먼저 작은 변화를 제안할 수 있습니다. 예를 들어, 침대 위치를 살짝 바꾸거나, 벽에 새로운 포스터를 붙이는 식으로 아이디어를 제안하며 아이와 함께 방을 업그레이드해 보세요. 이런 작은 변화는 아이에게 신선한 자극을 주고, 자신의 방에 새로운 애착을 느끼게 합니다.

④ 부모의 역할은 조력자

부모는 아이의 방을 직접 꾸미는 사람이 아니라, 아이가 자신만의 공간을 만들어 가는 데 도움을 주는 조력자 역할을 해야 합니다. 부모가 지나치게 개입하거나 자신의 취향을 강요하면 아이는 자신의 방이 '부모의 작품'처럼 느껴질 뿐, 애착을 느끼지 못하게 됩니다.

⑤ 공부 시간을 늘리는 공간 애착 형성하기

아이 스스로 꾸민 방은 단순한 생활 공간이 아닌, 머물고 싶은 자기만의 공간이 됩니다. 이처럼 공간에 애착이 생기면 책상 앞에 앉는 시간이 늘고, 자연스럽게 공부에 몰입하는 시간이 길어집니다. 스스로 만든 환경에서 아이는 더 책임감 있게 행동하며, 공부 역시 자발적으로 하려는 태도가 자랍니다.

스킬 2 ✦ 자기 통제력을 키우려면 '딱딱한 의자'가 효과적이다

자기 통제력이란 충동을 억제하고, 장기적인 목표를 위해 자신의 행동을 조율하는 능력을 말합니다. 자기 통제력은 학업, 대인관계, 생활 전반에서 성공의 핵심 요소로 꼽힙니다. 특히 성장기 아이들에게 자기 통제력은 성적뿐 아니라 다양한 영역에서 성취감을 느끼게 합니다.

**자기 통제력을
키워 주는 작은 습관**

자기 통제력이 높은 학생은 숙제를 제때 완료하고, 시험 준비를 철저히 하며, 산만한 환경에서도 집중력을 유지할 가능성이 큽니다. 이는 단지 높은 성적에 그치지 않고, '공부 정서', 즉 학습에 대한 긍정적인 태도와 자신감을 형성합니다.

① 구체적인 목표 설정하기

아이에게 단기적이고 명확한 목표를 설정하게 하는 것이 중요합니다. 예를 들어, "이번 시험에서 수학 점수를 10점 올리자!"와 같은 목표는 아이의 동기를 자극하고, 행동 계획을 세우는 데 도움을 줍니다. 막연히 "공부 열심히 해."라는 말보다, "하루에 수학 문제 10개씩 풀어 보는 건 어때?"처럼 구체적인 행동을 제안하세요. 목표가 명확할수록 아이는 스스로를 통제하고 계획에 따라 행동하는 연습을 할 수 있습니다.

② 단계별 계획 세우고 시각화하기

목표를 이루기 위해 필요한 행동을 단계별로 나눠 주는 것도 중요합니다. 예를 들어, "오늘은 국어 독해 문제 2개 풀기, 영어 단어 5개 외우기"처럼 작은 과제부터 시작하도록 유도하세요. 큰 목표를 바로 이루려고 하면 아이는 쉽게 지치거나 포기할 수 있지만, 작은 성취의 경험이 쌓이면 자연스럽게 자신감을 얻게 됩니다. 계획표를 함께 만들어 보는 것도 좋은 방법입니다. 자녀와 함께 벽걸이 캘린더를 준비해 매일 해야 할 일을 적고, 완료할 때마다 스티커를 붙여도 좋습니다. 아이는 매일 쌓이는 스티커를 보며 "이만큼 해냈구나!"라는 성취감을 느낄 수 있습니다.

③ 방해 요소 줄이기

집중력을 방해하는 요소를 최소화하는 환경을 만들어 주는 것도 중요합니다. 스마트폰은 공부 시간에 가장 큰 방해 요소 중

하나입니다. 부모와 아이가 함께 '스마트폰 사용 시간 약속'을 정하고, 공부하는 동안은 거실에 두거나 타이머를 설정해 제한적으로 사용하게 하면 효과적입니다. 아이가 공부하는 공간을 정리하는 것도 중요합니다. 책상 위에는 학습에 필요한 최소한의 물건만 두고, 산만하게 보이는 장식품이나 불필요한 물건은 치워 주세요.

정리정돈과
자기 통제력의 관계

정리정돈은 아이가 스스로를 통제하고 학습에 몰입할 수 있는 환경을 제공합니다. 방 안에 불필요한 물건이 많으면 아이는 시각적으로 산만해지고, 스트레스를 받는 게 당연합니다. 정리정돈을 통해 물리적 환경이 체계적으로 바뀌면, 아이는 자신도 모르게 집중력을 발휘할 수 있습니다. 어지럽고 혼란스러운 환경에 놓인 아이들은 학습 동기가 낮아지고, 필요한 물건을 찾느라 시간을 낭비하면서 불안감을 느낀다고 합니다. 반대로 체계적으로 정리된 공간은 아이가 공부 도구를 빠르게 찾고 사용할 수 있도록 돕고, 학습 효율을 높이는 데 중요한 역할을 합니다.

한 학생은 방이 정리되지 않고 학습 도구가 여기저기 흩어져 있을 때 숙제를 시작하기조차 어려워했습니다. "책상에서 공부를 시작하려는데 어지럽고 정신이 없어요."라고 말하던 이 학생은 책상과 방을 정리하고 필요한 학습 도구를 한곳에 모은 후

"이제는 공부를 시작하는 게 훨씬 쉬워요."라고 변화된 모습을 보였습니다. 깨끗하고 체계적으로 정리된 환경은 아이가 학습에 몰입할 수 있도록 돕는 출발점입니다.

공부를 잘하려면
딱딱한 의자를 택해야 한다?

의외로 적당히 불편한 환경이 학습과 기억력을 높이는 데 긍정적인 영향을 줄 수 있습니다. 예를 들어, 학교 책상과 의자와 비슷한 책상을 사용하면, 아이의 기억 회로를 활성화하고 집중력을 유도할 수 있습니다. 아이의 뇌가 "공부해야 한다."라는 신호를 받아들이고, 자연스럽게 학습 모드로 전환합니다. 우리 몸이 긴장 상태에 있을 때 분비되는 코르티솔 호르몬은 주의력을 높이고 기억 형성을 돕는 역할을 합니다. 이러한 원리를 적용해 집에서도 학교와 유사한 환경을 조성하기 위해 딱딱한 나무 의자를 사용하거나, 공부 공간을 단순한 상태로 유지해 보세요.

불편한 환경이 학습에 도움을 주기도 하지만, 너무 지나친 불편함은 역효과입니다. 따라서 자녀의 성향과 환경적 요소를 균형 있게 조율해야 합니다. 모든 아이가 똑같은 환경에서 집중력이 발휘되는 것은 아닙니다. 어떤 아이는 조용하고 고립된 공간에서 공부할 때 집중력이 높아지고, 또 어떤 아이는 카페와 같은 약간의 소음이 있는 열린 공간에서 몰입도가 올라갑니다. 중요한 것은 아이의 뇌가 어떤 상황에서 긴장감을 느끼고, 그 긴장이 집중력으로 이어지는지를 파악하는 것입니다.

**학습 자극을 주는
물건을 활용하라**

특정 학습 자극을 제공하는 물건들을 활용하는 것도 효과적입니다. 예를 들어, 중간고사 성적표를 방에 붙여 두거나, 목표를 적어 책상 앞에 두는 것은 아이에게 자연스럽게 학습 동기를 부여할 수 있습니다. 이런 작은 자극이 아이의 집중력을 활성화하는 촉매제가 될 수 있습니다.

부모가 해야 할 일은 아이가 어떤 환경에서 집중력이 가장 잘 발휘되는지 관찰하고 아이가 스스로 가장 집중할 수 있는 공간을 찾아가도록 돕는 것입니다. 아이와 충분히 대화하고, 아이의 성향과 학습 스타일을 존중하며, 환경을 조정하는 과정에서 자녀는 자신만의 학습 습관과 몰입 방법을 찾을 수 있을 것입니다. 아이가 책을 들고 거실, 주방, 심지어 화장실을 오가며 공부한다면 "왜 한 자리에 앉아서 집중하지 못하니!"라고 타박하기보다는, 아이가 스스로 가장 편안하게 집중되는 공간을 찾고 있다고 이해하는 것이 바람직합니다.

스킬 3 ◆ 창의력을 키워 주고 싶다면 침대 머리맡에 책장은 금물

가구 배치는 단순히 공간을 효율적으로 활용하는 문제가 아닙니다. 아이의 정서와 창의력 발달에 직접적인 영향을 미칩니다. 특히 침대 머리맡에 책장을 두는 것은 실용적일지 모르지만, 집중력과 수면의 질에 부정적인 영향을 미칠 수 있습니다. 공간 구성을 잘못하면 아이가 창의적으로 사고하고 몰입할 수 있는 능력을 방해합니다.

창의성은 단순히 타고나는 것이 아니라 환경과 습관에 의해 만들어집니다. 아이가 자유롭게 상상하고 사고를 확장하려면 자극적이지 않은 안정된 공간이 필요합니다.

**침대 머리맡의 책장,
왜 문제일까?**

선아네 방을 예로 들어 보겠습니다. 기존 배치에서 침대 머리맡

침대 머리맡에 커다란 책장이 있다.

에는 커다란 책장이 있었습니다. 부모는 "자기 전에 책을 읽기 편하겠지."라는 생각으로 책장을 두었지만, 실제로는 문제가 많았습니다. 먼저 책장에서 책이 떨어질 경우 아이가 다칠 위험이 있었습니다.

또한 침대와 책장이 가까운 위치에 있으면 아이는 쉬고 싶어도 책장이 주는 시각적 자극 때문에 머릿속이 복잡해지고, 수면의 질이 떨어질 가능성이 큽니다. 수면 공간은 편안하고 자극이 적어야 합니다.

책장을 안전하고 적절한 위치로 옮긴 후 선아의 수면 패턴이 눈에 띄게 안정되었고, 방 전체가 더 안정감 있는 공간으로 변했습니다.

창의성이 자라려면
'여백'이 있어야 한다

선아의 방에서 또 다른 문제 중 하나는 침대와 책상이 너무 가까운 구조라는 점이었습니다. 책상이 침대 바로 옆에 놓여 있어, 공부를 하는 동안 침대를 바라보게 되는 상황이었습니다. 침대가 책상 옆에 놓여 있다 보니 선아는 공부하다가도 침대를 보며 눕고 싶은 충동을 자주 느꼈습니다. 이로 인해 학습 효율과 몰입도가 떨어지는 상황이 반복됐습니다. 공부 공간과 수면 공간이 명확히 분리되지 않으면, 우리 뇌는 휴식과 학습을 구분하지 못해 혼란을 느낄 수 있습니다. 침대가 학습 공간 내에 보이면, 뇌는 이 공간을 휴식 장소로 인식하게 되어 몰입 상태에 들어가기 어렵습니다.

침대와 책상은 반드시 분리해야 합니다. 침대는 책장을 등지고 있거나, 최소한 눈에 보이지 않도록 배치해야 합니다. 침대와 책상 사이에 파티션을 두어 물리적·심리적 경계를 만들어 주는 것도 좋습니다. 그러면 시각적 자극을 줄여 학습 집중력을 높이는 데 효과적입니다. 공부할 때는 오롯이 공부에 집중하고, 쉴 때는 완전히 휴식할 수 있는 환경을 조성하면 학습 효과가 향상됩니다.

빈 곳을 과도하게
채우지 말 것

이삿짐을 정리하고 나면 넓은 공간이 생길 때마다 그 빈자리를 채우고 싶은 욕구가 생기기 마련입니다. 하지만 필요 이상으로 물건을 채우다 보면 공간은 다시 금세 좁아지고 어수선해질 수 있습니다. 이럴 때는 "버릴 건 버리고, 꼭 필요한 물건만 남긴다."라는 원칙을 세우는 것이 중요합니다.

넓은 방을 드레스룸으로 활용하도록 공간 컨설팅을 한 집이 있습니다. 처음에는 "큰 방을 드레스룸으로 쓰기엔 너무 아깝다."라는 반응이었지만, 정리정돈 후 가족 모두가 "더 이상 좁은 방에 옷을 쌓아 두지 않아도 된다."라며 만족감을 표현했습니다. 가족 구성원이 많은 집일수록 빈 공간을 효율적으로 사용하는 것이 가장 중요한 과제입니다.

아이 방의 벽지를
스스로 선택하게 하라

아이에게 자신의 방을 스스로 꾸밀 기회를 주면 공간에 대한 애착이 생기고 창의적인 사고를 키울 수 있습니다. 좋아하는 벽지 색상을 선택하게 하거나 성향에 맞는 책상 및 가구 배치를 직접 고민하게 하면 아이는 공간을 디자인하는 과정에서 논리적 사고와 창의성을 함께 발휘합니다.

창의력을 키우는 미술 놀이 전용 공간.

창의적인 활동을 위한
공간 마련

아이가 창의적인 활동을 할 수 있는 공간을 따로 마련하는 것이 중요합니다. 예를 들어, 방 한쪽에 미술 도구와 재료를 비치하고, 그림을 그리거나 만들기를 할 수 있도록 코너를 구성하면 아이가 자유롭게 만들기를 할 수 있습니다. 또한 백지 노트나 칠판을 배치하여 아이가 스스로 아이디어를 정리하고 표현할 기회를 주는 것도 효과적입니다. 저는 아이들이 미술용품이나 공작용품을 활용하는 작은 책상을 만들어 창의적인 활동을 하도록 독려합니다.

수납을 퍼즐처럼!
공간 지각력과 창의력 키우기

아이에게 효율적인 수납 방법을 직접 고민하게 하면 창의력과 공간 지각력을 동시에 키울 수 있습니다. 예를 들어, 장난감을 크기별로 분류하거나, 서랍 안에서 색깔별로 정리하는 게임을 만들면 자연스럽게 문제 해결 상황을 마주한 아이는 창의적인 시도를 해 볼 수 있습니다.

아이들은 어질러진 공간을 정리하면서 어질러진 '상황을 해결해 나가는' 방법을 터득하는데, 이는 대뇌 발달에 중요한 요소로 작용합니다. 아이는 무엇이 더 중요하고 덜 중요한지를 구별해 낼 수 있는 능력을 키우게 됩니다. 아이가 활동하는 공간인 만큼 너무 많은 물건이 있거나 아이가 스스로 수납할 수 없는 높이의 가구는 피하세요. 즉 아이가 감당할 수 있는 물건을 두고 낮은 높이의 안정감 있는 환경을 만드는 것이 좋습니다.

공간 마법사의 핵심 ✦ TIP ⑥

30평대 네 자매: 성향을 파악하면 다툼이 줄어든다

모든 아이가 똑같은 방식으로 공부하지는 않습니다. 어떤 아이는 조용한 독서실 같은 환경에서 몰입하고, 또 다른 아이는 적당한 소음이 있는 카페 분위기에서 학습 효과를 발휘합니다. 따라서 아이의 학습 환경은 자녀의 성향과 학습 스타일에 맞춰 달라져야 합니다. 정답을 정해 두기보다 자녀와 충분히 대화하며 함께 조율하는 과정이 중요합니다.

**성향이 다른 두 아이,
공간 활용의 딜레마**

경기도 안산시에 사는 은지네는 딸 넷을 둔 6인 가족입니다. 첫째는 중학교 고학년, 둘째는 중학교 저학년, 셋째 은지는 초등학교 고학년, 막내 은채는 초등학교 저학년입니다. 이 집의 방 배치를 보면, 셋째와 넷째는 함께 방을 쓰며 공부하고 잠을 자고 있었습니다. 침대, 서랍장, 책상까지 똑같은 디자인의 가구가 나란히 배치된 구조였죠.

6인 가구 은지네 집 구조도

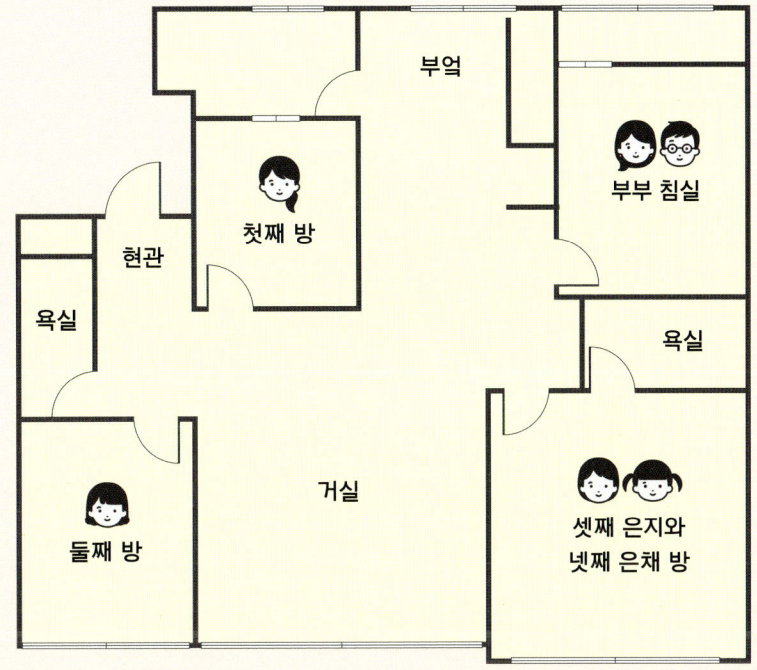

문제는 두 아이의 성향이 너무 달랐다는 것입니다. 넷째 은채는 성격이 활발하고 개구쟁이 같은 성향으로 책상에 낙서를 하거나 물건을 어지럽히는 일이 많았습니다. 반면, 셋째 은지는 차분하고 꼼꼼한 성향으로 만들기를 즐겼고, 자신의 물건이 흐트러지는 것을 싫어했습니다. 은채가 언니의 그림이나 만들기 숙제를 만지거나 어지럽히면서 두 사람은 매번 다투곤 했습니다.

방은 한정되어 있는데, 두 아이의 성향이 정반대라면 함께 사

 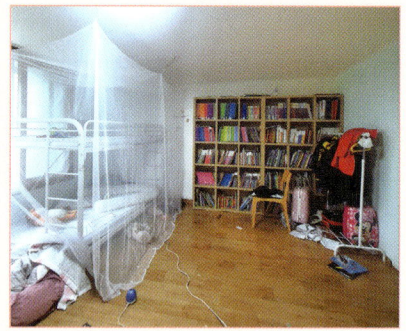

두 자녀의 성향과 상관없이 침대, 서랍장, 책상까지
똑같은 디자인의 가구가 나란히 배치되어 있다.

용하는 공간을 어떻게 나눠야 할까요? 해결책은 의외로 간단했습니다. 책장과 가구의 배치를 바꾸는 것이었습니다.

   기존에는 두 아이의 책상이 일렬로 놓여 있어 서로 나란히 앉는 구조였는데, 이를 서로의 영역이 섞이지 않는 구조로 바꿨습니다. 책장을 각자의 공간을 구분하는 파티션 역할로 활용하였고, 이때 아이 키보다 높은 책장을 가로로 눕혀 활용함으로써 공간을 분리하면서도 답답하지 않도록 했습니다.

   배치를 바꾼 후 아이들은 서로 방해받지 않고 각자의 영역에서 공부할 수 있게 되었습니다. 넷째 은채는 더 이상 언니가 자신을 감시한다고 느끼지 않았고, 셋째 역시 자신의 물건이 보호받는다는 느낌을 통해 안정감을 느꼈습니다. 작은 배치 변화만으로 두 아이는 서로 다툴 일이 줄었고, 공부에 집중하는 시간이 부쩍 늘었다고 합니다.

 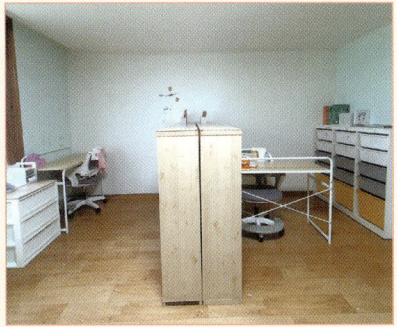

배치를 바꾼 후 아이들은 서로의 시야에 방해받지 않고
각자의 영역에서 공부할 수 있게 되었다.

자녀의 의견을 존중한
공간을 만들어라

이 과정에서 가장 중요한 것은 자녀의 의견을 묻는 것입니다. 부모가 모든 것을 결정하고 아이는 수동적으로 따르기만 한다면, 아이는 자신의 공간에 애착을 느끼지 못합니다. 셋째와 넷째에게 직접 물어봤습니다. "은지야, 넌 동생이랑 마주 보고 공부하는 게 좋아? 아니면 벽을 마주 보는 게 좋아?" 은지는 망설임 없이 "벽을 보고 공부하는 게 더 좋아요."라고 대답했습니다. 넷째 은채도 "언니가 내가 뭘 하는지 안 봤으면 좋겠어요."라고 말하며 방 배치를 바꾸는 데에 동의했습니다. 두 아이의 의견을 반영해 책상과 가구를 재배치했고, 공용으로 쓰는 물건은 수납장 한 곳에 나눠서 보관하도록 했습니다. 각자의 물건은 서랍에 이름

(왼쪽부터) 첫째 방, 둘째 방에 옷장을 배치했다.

라벨을 붙여 구분했습니다. 이러한 작은 변화는 아이들이 서로의 영역을 침범하지 않고 자신의 물건을 책임감 있게 관리하도록 돕는 역할을 했습니다.

은지네 집은 원래 드레스룸 하나에 온 가족의 옷을 보관하는 구조였습니다. 하지만 아이들이 성장하며 옷의 양이 늘어나고, 각자의 취향과 스타일이 생기면서 부모는 드레스룸을 없애기로 결정했습니다.

각 방마다 장롱을 배치하고, 아이들의 옷을 각자의 방에 수납하도록 바꿨습니다. 이 변화는 단순히 수납 문제를 해결하는 데서 그치지 않았습니다. 자신의 옷을 자신의 방에서 관리하게 되면서 네 자매는 "내 물건은 내가 책임져야 한다."라는 생각을 하게 되었고, 옷장 정리도 더 열심히 하게 되었습니다.

집중력을 높이는
책상 환경

고학년이 되면 아이들은 공부에 더 많은 시간을 투자해야 하지만, 복잡한 책상 환경은 오히려 집중력을 떨어뜨립니다. 많은 부모가 책상 위에 책장이 붙어 있는 일체형 책상을 사용하지만, 이 구조는 책상 위에 물건을 쌓아 두기 쉽고, 시야가 산만해지는 단점이 있습니다.

책상 위의 물건을 최소화하여 집중력 있는 환경을 만든 또 다른 사례.
시선이 분산되지 않도록 책장은 오른쪽 아래에 배치했다.

은지의 방에서는 책상을 단순화하기 위해 책상 위에는 최소한의 학습 도구만 두도록 했습니다. 문제집과 교과서 외에는 모두 책장으로 옮기고, 책장은 별도로 배치해 아이들이 필요한 책을 찾아보는 데만 사용하도록 했습니다. 이러한 변화는 아이들이 공부를 시작할 때 산만함 없이 바로 집중할 수 있는 환경을 만들어 주었습니다. 은지의 부모님은 두 아이가 이제 책상에 앉으면 금방 공부를 시작하고 딴짓도 줄었다는 근황을 전했습니다.

맞춤형 학습 환경이 아이를 성장시킨다

아이의 선택을 존중한 환경은 단순히 아이의 성향에 맞춘 공간을 넘어 아이가 자신의 공간에 대한 책임감을 느끼고 스스로 관리하도록 돕습니다. 은지네 집에서 아이들은 방 배치 변경 후 서로 다투는 일이 줄었고, 각자에게 맞는 공간에서 더 편안하게 공부할 수 있게 되었습니다. 또한 "이건 네가 결정한 방이야."라고 말하면, 아이들은 자신의 선택에 책임감을 느끼고 방을 더 소중히 여기게 됩니다.

모든 아이의 성향은 다릅니다. 어떤 아이는 벽을 보며 집중하는 걸 좋아하고, 어떤 아이는 밝고 개방적인 환경에서 몰입합니다. 따라서 "이게 정답이야."라고 고정된 생각을 강요하기보다, 아이와 충분히 대화하며 성향을 파악하고 맞춤형 환경을 만들어 주는 것이 중요합니다. 자율성을 존중한 공간은 아이가 스스로를 이해하고, 자신의 삶을 주도적으로 이끌어 가는 힘을 길러 주는 출발점이 됩니다.

공간 마법사의 핵심 ✦ TIP ⑦

복층형 미정 씨네: 드레스룸이 2층에 있는 이유

경기도 고양시에 있는 미정 씨네 가족의 복층 집은 겉으로 보기에는 구조가 깔끔하고 정리된 모습이었습니다. 하지만 집 안을 둘러보다 보니 유독 드레스룸의 위치가 눈에 띄었습니다. 드레스룸이 전부 2층에 배치되어 있었던 것입니다.

처음에는 대수롭지 않게 보였지만, 생활 동선을 생각하면 이 구조가 얼마나 비효율적인지 금세 알 수 있었습니다. 예를 들어, 1층 욕실에서 샤워를 하고 난 뒤 속옷이나 옷을 꺼내기 위해 2층까지 올라가야 해서 불편한 구조였습니다. 미정 씨는 "옷이 보이면 지저분해 보이고, 먼지가 날릴까 봐 전부 드레스룸에 넣어 뒀어요."라고 했습니다. 하지만 이는 간단한 옷장이나 진열장으로 해결할 수 있는 문제였습니다.

**드레스룸의
올바른 위치는?**

드레스룸은 단순히 옷을 보관하는 공간이 아니라 생활 동선과 밀접하게 관련된 장소입니다. 특히 매일 아침 옷을 꺼내고, 밤에는 잠옷을 갈아입고, 세탁물을 정리하는 일련의 과정에서 드레스룸의 위치는 사용 편의성을 결정짓는 중요한 요소입니다.

효율적인 드레스룸은 욕실과 가까울수록 좋습니다. 샤워 후 바로 옷을 꺼내 입을 수 있는 동선이 확보되어야 합니다. 예를 들어, 안방과 인접한 공간에 드레스룸을 배치하면 불필요한 이동을 줄일 수 있습니다.

어린 자녀가 있는 경우, 아이의 속옷과 양말은 부모가 자주 사용하는 안방에 배치하는 것이 좋습니다. 아이와 함께 자는 부모라면 아이의 옷 중 자주 쓰는 물품은 안방에, 외출복은 아이 방에 배치하는 것이 효율적입니다. 이는 아이가 자라면서 스스로 옷을 꺼내 입는 습관을 길러 주는 데도 도움이 됩니다.

그렇다면 전용 드레스룸은 필요할까요? 드레스룸 전용 방을 따로 만들기보다, 생활 동선에 맞게 옷장과 수납장을 여러 공간에 분산 배치하는 것도 좋은 방법입니다. 안방에는 일상복과 잠옷을, 복도 수납장에는 외출복을 배치하는 등으로 활용도를 높일 수 있습니다.

드레스룸은 단순히 옷을 보관하는 공간이 아니라, 자녀가 스스로 옷을 관리하고 정리하는 습관을 기를 수 있는 장소가 되어야 합니다.

아이가 2~3세라면 속옷과 양말 등 자주 사용하는 물건은 부모가 자주 머무는 안방에 배치하고, 외출복은 아이 방에 두어 아이가 직접 옷을 꺼내 입는 연습을 할 수 있도록 합니다. 초등학교 고학년 이상의 자녀라면, 자신의 드레스룸을 독립적으로 관

집에 드레스룸이 부족하고 팬트리 공간이 많다면
팬트리에 시스템 행거를 설치해 드레스룸 용도로 개조하여 사용할 수도 있다.
기존 팬트리 물건은 주방 베란다로 이동해 수납했다.

리하도록 맡겨 보세요. 아이와 함께 "이 칸은 교복, 저 칸은 운동복"처럼 공간을 나눠 정리 기준을 정하면 스스로 정리하는 과정에서 책임감을 배울 수 있습니다.

**자녀의 정리정돈 습관에
팬트리를 활용하는 법**

팬트리는 단순히 물건을 쌓아 두는 공간이 아닙니다. 부모와 자녀가 함께 활용할 수 있는 팬트리는 정리정돈 습관을 가르치는 데도 탁월한 도구입니다.

팬트리를 섹션별로 나누어 아이가 스스로 물건을 찾아 사용할 수 있도록 가르쳐 보세요.

> - **주방 팬트리:** 자녀가 간식이나 물을 꺼내기 쉽게 간단한 물품을 하단에 배치
> - **거실 팬트리:** 축구공, 인라인스케이트, 텐트 등 자주 쓰는 용품 정리
> - **현관 팬트리:** 외출 용품(우산, 장갑, 모자 등)을 카테고리별로 분류

수납 칸마다 물품 이름표를 붙여 아이가 스스로 물건을 찾고, 사용 후 제자리에 놓는 습관을 들일 수 있도록 합니다.

> 예시
>
> **1번 칸:** 간식
>
> **2번 칸:** 체육복

다양한 공간을 팬트리 공간처럼 활용하여 수납했다. 정리할 공간이 모자랄 때는 베란다 팬트리(왼쪽), 신발장(오른쪽) 등을 효율적으로 활용해도 좋다.

라벨링은 아이가 쉽게 접근할 수 있는 정리 체계를 만들어 주며, 스스로 물건을 관리하는 책임감을 길러 줍니다. 팬트리 속 물건을 주기적으로 점검하며 부모와 자녀가 함께 정리하는 시간을 가져 보세요. "이제 계절이 바뀌었으니 여름 용품은 넣고, 겨울 용품을 꺼내 볼까?"라며 아이와 정리하는 활동은 협력심과 실용적인 정리 습관을 동시에 배울 수 있는 기회입니다. 팬트리나 드레스룸의 특정 칸을 "이건 네가 관리하는 칸이야!"라고 지정해 주면 아이는 자신의 영역에 자부심과 책임감을 느낍니다. 또한 물건의 위치를 스스로 결정하고, 필요할 때마다 꺼내 사용하며 아이는 자립심을 배웁니다. 부모가 대신 정리해 주는 것보다, 자녀가 직접 물건을 정리하고 관리하게 하는 것이 훨씬 효과적이라는 사실을 기억하세요!

정리정돈은 시간 관리를 배우는 데도 도움이 됩니다. 물건이 제자리에 있다면 아이는 찾는 데 시간을 낭비하지 않으며, 효율적으로 하루를 계획할 수 있습니다.

이처럼 드레스룸과 팬트리를 효율적으로 활용하는 것은 자녀 교육과 깊은 연관이 있습니다. 단순히 집을 깔끔하게 유지하는 차원을 넘어, 자녀가 자기 주도적인 생활 태도와 정리정돈 습관을 형성하는 도구가 됩니다. 효율적인 동선과 공간 활용은 부모와 자녀 모두의 삶의 질을 높입니다.

아이와 부모가 함께하는 공간 정리 Q&A
체계적인 관리 편

Q1 형제자매 공간 | 공동으로 쓰는 공간, 갈등 없이 정리하려면?

A 형제자매가 함께 쓰는 공간에서는 공간 분리를 명확히 하고, 정리 규칙을 정하는 것이 중요합니다.

① 각자의 물건을 색깔별 바구니나 라벨을 활용해 구분하세요. 이렇게 하면 내 물건과 남의 물건이 섞이는 것을 방지할 수 있습니다.

② '공동 사용'과 '개인 사용' 물건을 구별하는 규칙을 정하세요. 예를 들어, 장난감은 공유하지만, 학용품은 각자 사용하도록 정하면 좋습니다.

③ 함께 정리하는 시간을 마련하세요. 한 달에 한 번씩 같이 정리하는 시간을 정하면 갈등을 줄일 수 있습니다.

Q2 욕실용품 공유 | 형제자매가 함께 쓰는 욕실용품, 어떻게 정리할까?

A 욕실에서 칫솔, 수건, 세면도구가 섞이는 걸 방지하려면 개인별 공간을 지정해 주세요.

① 칫솔 컵이나 걸이에 이름 스티커를 붙이면 헷갈리지 않고 사용할 수 있습니다.

② 세면도구는 개별 바구니에 넣어 사용 후 원래 위치에 두는 습관을 들이면 정리가 훨씬 쉬워집니다.

③ 수건은 1인 1색으로 지정하거나 개인 전용 수건 걸이를 사용하면 더욱 깔끔하게 관리할 수 있습니다.

Q3 학습 자료 정리 | 프린트물과 노트를 깔끔하게 관리하려면?

A   학교 프린트물과 노트가 쌓이면 찾기 어려워지고 공간도 어수선해집니다.

① 과목별 클리어 파일이나 서류 정리함을 사용해 분류하고, 중요한 자료는 즉시 정리하는 습관을 들이세요.

② 한 학기마다 필요 없는 프린트물을 정리하고, 오래 보관해야 하는 자료는 '보관 파일'로 따로 분류합니다.

③ 노트와 프린트물을 함께 정리할 수 있도록 책상 옆 서랍이나 벽걸이 파일함을 활용하면 찾기가 훨씬 쉬워집니다.

Q4 디지털 파일 정리 | 아이의 온라인 학습 자료와 사진을 체계적으로 관리하는 방법은?

A   온라인 학습이 증가하면서 디지털 파일 정리도 중요한 습관이 되었습니다.

① 학기별로 큰 폴더를 나누고, 세부 과목 폴더를 만들어 학습 자료를 분류하고, 완료된 과제는 별도의 '보관 폴더'로 이동하세요.

② 아이의 성장 기록을 사진과 함께 정리하고 싶다면, 연도별/이벤트별 폴더를 만들어 쉽게 찾아볼 수 있도록 관리하세요.

③ 주기적으로 '정리하는 날'을 정해 불필요한 파일을 삭제하고, 중요한 자료는 백업하는 습관을 들이는 것이 좋습니다.

Q5 공부 집중력 | 집중력을 높이는 책상 정리법은?

A   책상은 공부에 집중할 수 있도록 최소한의 물건만 남기고 정리하세요.

① 책상 위에는 필기구, 노트 등 꼭 필요한 것만 남기고 나머지는 서랍이나 벽 선반에 보관하세요.

② 조명과 의자 높이를 조정하여 아이가 편안한 자세로 공부할 수 있는 환경을

조성하세요.
③ 하루 5~10분 '책상 정리 루틴'을 만들어 등교 전과 자기 전에 정리하는 습관을 들이면 깨끗한 상태를 유지할 수 있습니다.

Q6 책 정리 | 책이 쌓이기만 하는데, 효과적으로 정리하는 방법은?

A 책이 많아질수록 관리가 어려워지므로, 정리 시스템을 구축하는 것이 중요합니다.
① '자주 보는 책'과 '잘 보지 않는 책'을 구분하여 배치하세요. 아이가 자주 읽는 책은 손이 닿는 곳에 두고, 오래된 책은 별도 공간에 보관하세요.
② 큰 책장보다는 작고 낮은 책장이 좋습니다. 이렇게 하면 아이가 더 자주 책을 꺼내 보게 됩니다.
③ 정기적으로 필요 없는 책은 기부하거나 중고 서점을 활용하세요.

Q7 책가방 보관 | 아이가 가방을 아무 데나 두지 않도록 하는 방법은?

A 등교 후 아이가 가방을 아무 데나 두고 싶어 하는 건 자연스러운 행동이지만, 습관을 들이는 것이 중요합니다.
① 현관 근처나 방 안에 가방을 걸 수 있는 전용 공간(바구니, 벽걸이)을 마련하세요.
② 가방을 놓을 자리를 시각적으로 표시하세요. 바닥에 스티커나 작은 발 모양의 표시를 붙여 두면 아이가 자연스럽게 그 자리에 가방을 두는 습관을 들이기 쉽습니다.
③ 가방 정리 후 '내일 준비 미션'을 만들어 주세요. 예를 들어, "내일 미술 시간에 필요한 물건을 미리 챙겨 볼까?"처럼 질문을 던지며 가방을 정리하게 유도하면, 정리뿐만 아니라 자기 주도적인 준비 습관도 기를 수 있습니다.

Q8 물건 정리 | 아이 물건이 너무 많을 때, 효과적으로 줄이는 방법은?

A 물건이 많으면 정리 자체가 어려워지므로, 불필요한 물건을 줄이고 체계적으로 정리하는 것이 중요합니다.

① '자주 사용하는 물건', '가끔 쓰는 물건', '사용하지 않는 물건'으로 분류하세요. 최근 6개월 동안 사용하지 않은 물건은 기부하거나 처분하는 것이 좋습니다.

② '하나를 새로 사면, 하나를 정리하는 원칙'을 실천하세요. 새로운 장난감이나 학용품을 받으면 기존 물건 중 하나를 정리하도록 유도하면 물건이 쌓이는 것을 방지할 수 있습니다.

③ 천장에 가까운 높이까지 수납 가능한 높은 수납장, 벽걸이 선반, 서랍 정리함 등을 활용하면 공간을 더 넓게 사용할 수 있습니다.

PART 4

아이들이 행복해하는
인테리어의 기술

정리정돈은 단순히 집을 깔끔하게 만드는 일일까요? 그렇지 않습니다. 정리정돈은 가족의 삶의 질과 행복에 직접적으로 영향을 미치는 중요한 요소입니다. 잘 정리된 집은 단순히 시각적으로 쾌적할 뿐 아니라 마음의 여유와 안정감을 가져다 줍니다.

아이는 부모의 말을 듣고 바로 정리를 시작하기보다는 반감을 갖게 되는 경우가 많습니다. 아이 입장에서는 "엄마, 아빠도 안 치우면서 왜 나한테만 치우라고 하지?" 하는 생각이 들기 마련입니다. 부모가 먼저 솔선수범해서 정리하면 아이가 따라서 척척 정리를 할까요? 많은 부모님이 기대하는 바와 달리, 아이가 부모의 행동을 그대로 따라 하지는 않습니다. 오히려 아이는 "엄마, 아빠는 엄마, 아빠고, 나는 내 방식대로 할래!"라고 생각할 수 있습니다.

따라서 단순히 부모가 먼저 정리를 하는 것만으로는 부족합니다. 부모와 자녀가 함께 정리정돈을 하는 시간을 정하고, 정기적으로 실천하는 것이 중요합니다.

  가족이 함께 정리정돈을 하는 시간은 단순히 집을 깨끗하게 유지하기 위한 것이 아니라 삶의 태도를 만들어 가는 일입니다. 잘 정리된 공간은 부모와 아이 모두에게 안정감을 주고, 그 안에서 생활하는 사람들이 더 편안하고 행복한 시간을 보낼 수 있게 만듭니다. 공간 배치를 통해 일상의 질을 높이고, 가족 모두에게 맞는 환경을 만들어 가는 모습을 보면 공간이 우리 삶에 얼마나 중요한 역할을 하는지 다시금 깨닫게 될 것입니다.

산만한 우리 집, 가장 먼저 해야 할 일은?

많은 가정에서 정리정돈을 하고도 집 안이 다시 산만해지는 문제를 겪습니다. 특히 아이를 키우는 집에서는 물건이 쌓이고 공간이 복잡해지는 일은 일상적입니다. 이러한 문제를 해결하기 위해서는 단순히 물건을 치우는 것을 넘어서, 집 안의 구조와 공간 활용 방식을 재고할 필요가 있습니다. 백호네 집 사례를 통해 산만한 집을 효과적으로 정리하는 솔루션을 소개하겠습니다.

**정리한 뒤에도 산만해지는
모든 집을 위한 솔루션**

백호네 엄마는 네 살, 두 살 아이를 둔 주말 부부로, 평일에는 혼자서 두 아이를 돌보고 있었습니다. 육아에 지친 백호 엄마는 정리정돈에 신경 쓸 여력이 없었고, 집 안은 점점 물건들로 가득 차기 시작했습니다. 백호네 엄마는 대부분 시간을 아이들과 함께 거실에서 보내다 보니, 생활 동선이 맞지 않아 불편함을 느끼기 시작했습니다. 작은 거실과 상대적으로 큰 방의 구조는 가족의 생활 스타일과 어울리지 않았기 때문입니다. 35평 집의 거실은 방 3개 중 하나를 터서 넓게 활용하고 있었지만, 그 넓어진 거실 만큼 물건이 쌓이며 산만한 상태가 되었습니다. 특히 거실은 엄마와 아이들이 주로 사용하는 공간임에도 불구하고 옷, 장난감, 생활용품이 한데 섞여 정리하기 어려웠습니다.

"어느 순간부터는 정말 손을 댈 엄두가 안 날 정도로 거실에 물건이 잔뜩 쌓여 있더라고요. 그나마 용도별로 구획을 해서 쓰고는 있는데, 어떻게 해야 할까요?"

백호네 집을 살펴보니, 수납공간이 부족한 상황에서 책장을 하나씩 늘려 나가며 물건을 수납하고 있었습니다. 그러나 쓰지 않는 물건을 버리거나 정리하지 않고 수납공간만 늘리면 짐이 더 늘어나고, 집 안이 더욱 산만해지는 역효과가 생깁니다. 심지어 소파 뒤쪽에는 계절별로 온갖 옷이 쌓여 있고, 아이 물건과 부모 물건이 뒤섞여 있었습니다.

**재고를
파악하라**

백호네 집처럼 거실을 넓게 사용할 경우 아이 물건과 부모 물건

작은 방을 없애고 거실을 확장했다.
하지만 넓어진 거실을 보면 소파 앞 장난감과 책, 엄마의 취미 용품이 쌓여 있고
소파 뒤는 컴퓨터와 가족 옷가지 등이 뒤섞여 있는 상태이다.

이 섞이는 문제가 발생합니다. 많은 가정에서 거실에 물건을 쌓아 두고, 날을 잡아 몰아서 정리하는 방식을 택합니다. 그러나 이런 방식은 오래 유지하지 못하고, 정리 후에도 금세 집 안이 산만해지는 문제를 낳습니다. 이런 상황에서 가장 먼저 해야 할 일은 '재고 파악'입니다. 물건을 종류별로 분류하고, 꼭 필요한 물건과 그렇지 않은 물건을 구분하는 작업이 중요합니다.

백호네와 상담하며 저는 재고를 네 가지 기준으로 나눠 분류할 것을 제안했습니다.

▶ 자주 쓰는 물건

매일 또는 자주 사용하는 물건들은 쉽게 손이 닿는 곳에 보관해야 합니다.(ex: 청소기, 외출복, 잠옷 등)

▶ 보관해야 할 물건

지금 당장 사용하지 않지만 나중에 필요할 물건들은 별도의 보관 공간이 필요합니다.(ex: 철 지난 아이 옷, 계절 가전제품 등)

▶ 가끔 쓰는 물건

특정 상황에서만 사용하는 물건들은 쉽게 접근할 필요는 없지만 적절한 보관이 필요합니다.(ex: 물걸레 청소기, 빔프로젝터, 다리 안마기 등)

▶ 잘 안 쓰는 물건

사용 빈도가 낮거나 실수로 구매한 물건들로, 처분을 고려해야 합니다.(ex: 잘못 구입한 가전제품, 오래된 장난감 등)

우리 집 재고를 파악할 때 재고 리스트를 작성한다면 한눈에 파악하기 쉽고, 공간 계획과 재고 운영 또한 매우 쉬워집니다. 분류만으로 '잘 안 입는 옷'을 확실히 선별할 수 있습니다. 또한 옷을 비우면 훨씬 여유롭고 실용적인 공간이 됩니다. 옷뿐 아니라 생활용품, 주방용품, 식품, 기타 등으로 구분하여 리스트를 만들어 보면 우리 집의 완벽한 재고량을 파악할 수 있고 '잘 안 쓰는 물건'의 양을 감안해 여유 공간의 운영도 충분히 그려 볼 수 있습니다.

우리 집 의류 재고 리스트 (나에게 맞게 수정 후 사용)

구분	사용자	항목	세부항목	적정량	재고량					과부족	비고
					자주	보관	가끔	잘안씀	합계		
옷정리	남편	상의	정장								
			캐주얼 긴팔								
			캐주얼 반팔								
		하의	정장								
			캐주얼								
		아우터	숏								
			롱								
		라이프웨어	운동복								
			잠옷								
			러닝셔츠								
			팬티								
			양말								
	아내	상의	정장								
			캐주얼								
		하의	정장								
			캐주얼								
		아우터	숏								
			롱								
		라이프웨어	운동복								
			잠옷								
			러닝셔츠								
			브라								
			팬티								
			양말								

PART 4 ◇ 아이들이 행복해하는 인테리어의 기술

구분	사용자	항목	세부항목	적정량	재고량					과부족	비고
					자주	보관	가끔	잘안씀	합계		
옷정리	큰아이	상의	긴팔								
			반팔								
		하의	긴바지								
			반바지								
		아우터	숏								
			롱								
		라이프웨어	잠옷								
			내복								
			속옷								
			양말								
	작은아이	상의	긴팔								
			반팔								
		하의	긴바지								
			반바지								
		아우터	숏								
			롱								
		라이프웨어	잠옷								
			내복								
			속옷								
			양말								

우리 집 생활용품 재고 리스트 (나에게 맞게 수정 후 사용)

구분	사용자	항목	세부항목	적정량	재고량					과부족	비고
					자주	보관	가끔	잘안씀	합계		
생활용품	공용	화장지									
		치약									
		칫솔									
		샴푸									
		린스									
		바디워시									
		세탁세제									
		섬유유연제									
		주방세제									
		비누									
		물티슈									
주방정리	공용	밥그릇									
		국그릇									
		물컵									
		반찬통									
		프라이팬									
		냄비									
		수저									
		아이 식기									
		믹서기									
		김치통									
식품											
기타											

PART 4 ◆ 아이들이 행복해하는 인테리어의 기술

재고 파악과 분류 작업을 한 후, 백호네 엄마에게 일주일 정도의 시간을 주었습니다. 그 결과, 몇 년 동안 쌓여 있던 물건들이 정리되었고, 집 안은 깔끔하고 정돈된 상태로 바뀌었습니다. 새로운 수납공간을 마련하거나 가구를 추가하지 않았음에도 집이 완전히 달라졌습니다.

일주일의 정리 기간을 마치자, 집이 완전히 달라졌다.

부모와 아이의 물건이 뒤섞여 있는 공간은 사각지대로 남는다.
부모 물건을 거실과 침실로 정리하고, 오로지 아이의 놀이 공간으로 바꾸었다.

부부만의 휴식 공간이 필요한 이유

아이를 키우는 집은 대부분 아이 위주로 공간을 구성합니다. 놀이 공간, 학습 공간 등 아이의 동선에 최적화되곤 하지요. 그러나 부모를 위한 휴식 공간이 없으면, 부모는 쉽게 지쳐 '번아웃' 상태에 빠질 수 있습니다.

백호네 거실을 살펴보니, 소파 뒤쪽에 백호 엄마의 컴퓨터 자리가 있었지만 제대로 활용되지 않았습니다. 저는 소파를 기준으로 공간을 재구성했습니다.

- **소파 뒤쪽**: 아이들의 놀이 공간으로 지정
- **소파 앞쪽**: 부모의 휴식 공간으로 지정

아이들은 거실의 놀이 공간에서 놀다가 부모와 함께 책을 읽고 텔레비전을 보며 휴식을 취할 수 있습니다. 이때 중요한 점은 공간을 명확히 구분하고, 놀이 공간에서 사용한 물건은 반드시 정리한 후 휴식 공간을 이용하도록 지도하는 것입니다. 소파는 이때 공간의 경계 역할을 해 줍니다.

방과 거실의 통합으로
변화한 가족 생활

과감히 작은 방의 벽을 허물어 거실과 통합했습니다. 넓어진 거실은 휴식 공간과 놀이 공간으로 나뉘었고, 백호 엄마는 소파 뒤쪽에 백호의 작은 전용 공간을 만들어 줬습니다. 이 변화로 부모는 더 이상 아이들의 방해 없이 소파에서 휴식을 취할 수 있었고, 백호도 놀이 구역에서 안전하게 놀 수 있게 되었습니다. 소파 뒤에 작게 마련된 공간이었지만, 이 작은 구역이 오히려 백호가 가장 좋아하는 장소가 되었습니다. 놀이방에 들어가기 전에는 거실 곳곳에 장난감을 흩어 놓고 놀았던 백호는, 전용 공간이 생긴 뒤부터는 자신만의 작은 세상에서 상상력을 발휘하며 놀았습니다.

① 놀이 공간은 작을수록 좋다

아이들의 놀이 공간은 넓을수록 좋다고 생각하는 부모님들이 많지만, 실제로는 놀이 공간이 작을수록 아이들이 스스로 관리하기 쉽습니다. 작은 공간에서 아이들은 장난감을 가지고 논 후 제자리에 정리하는 습관을 들이기 쉽고, 부모의 관리 부담도 줄어듭니다.

반대로, 놀이 공간이 너무 넓으면 아이들이 공간을 인지하고 익히는 데 시간이 오래 걸리고, 부모와 아이 모두 쉽게 지칠 수 있습니다. 정리정돈에 대한 부정적인 인식이 생길 수 있어 적당한 크기의 공간을 설정하는 것이 무엇보다 중요합니다.

② 아이 방의 기능 재구성

기존의 놀이방에는 장난감과 옷이 뒤섞여 있었지만, 거실을 놀이 공간으로 재구성하면서 기존 놀이방을 백호의 휴식과 숙면

방의 기능을 단순화하면 공간이 더욱 여유로워지고, 정리정돈이 훨씬 쉬워진다.

을 위한 공간으로 바꿨습니다. 아이 방이 작은 경우, 물건을 쌓아 두는 것을 최소화해야 합니다.

> **아이 방의 기능**
>
> 옷방, 침실, 놀이방, 독서 공간 → 옷방 겸 침실, 독서 공간

단순하게 방을 배치해서는 안 되는 이유

집 공간을 구성할 때 가장 중요한 점은 무엇일까요? 인테리어나 조명, 가구 배치 등 다양한 요소가 떠오를 수 있지만, 가장 중요한 질문은 따로 있습니다. 바로 집 전체 공간의 목적을 설정하는 것입니다.

대부분 단순히 첫째 방, 둘째 방, 드레스룸으로 나눠 사용하는 사람에 따라 방을 배정하는 경우가 많습니다. 하지만 이러한 방식은 시간이 지남에 따라 자녀가 성장하면서 물건이 쌓이고, 생활 패턴이 변하면서 문제를 일으킬 수 있습니다. 애초에 공간의 목적을 명확히 설정하지 않으면, 시간이 지나면서 집 안은 다시 어수선해지고 정리정돈이 어려워집니다.

공간의 목적을 설정한다는 것은 쉽게 말해 "이 공간을 어떻게 사용할 것인가?"에 대해 고민하는 것입니다. 단순히 "우리 집에 방이 네 개니까 각자의 방 하나씩 나누자!"라고 생각하기보다 가족이 가진 물건의 양과 종류를 파악하고, 각자의 라이프스타일을 고려해 공간을 구성해야 합니다.

가족 구성원의 성향을 파악한 후에는, 의견을 수렴하여 집 안의 공간을 어떻게 사용할지 정해야 합니다. 꼭 한 사람이 방 하나를 온전히 써야 한다는 법은 없습니다. 때에 따라 방 하나를 여러 사람이 함께 사용하는 멀티룸으로 활용하는 것도 좋은 방법이겠지요.

생활용품이 많은 가정이라면 팬트리가 있어도 짐을 쌓아 둘 공간이 부족해집니다. 이런 집에서는 공간의 목적을 편리함으로 설정하고, 물건을 효율적으로 보관할 방안을 마련해야 합니다. 방 하나를 무조건 개인 공간으로 두기보다, 가족들의 공용 수납 공간으로 활용하는 것이 더 효율적일 수 있다는 의미입니다.

집 안의 정리정돈을 위해서는 단순히 물건을 치우는 것만으로는 부족합니다. 공간의 목적을 명확히 설정하고, 그 목적에 따

드레스룸 겸 팬트리를 활용한 공간 배치.

라 공간을 활용해야 합니다. 가족 구성원 모두가 사용하는 공간의 용도를 이해하고, 필요한 물건을 적절히 배치하면 집 안은 더 이상 산만해지지 않고 효율적으로 운영될 수 있습니다.

가족과 함께하는
정리정돈 4단계

정리정돈 습관을 들이기 위해서는 가족이 함께 정리정돈에 참여해야 합니다. 한 연구에 따르면, 가족이 함께 정리정돈을 하면 협력과 소통이 자연스럽게 이루어져 가족 간의 유대감이 강화된다고 합니다. 정리 과정은 가족 구성원들에게 심리적 안정감을 주고, 가정 내 갈등을 줄이는 데에도 긍정적인 영향을 미칩니다.

**부모가 정리하지 않으면
아이도 따라 하지 않는다**

"정리정돈 습관을 들이는 게 말은 쉽지만, 실천하기는 어렵네요."
"저도 정리를 잘 안 하는데, 아이에게 정리정돈을 하라고 말하기 좀 그래요."

많은 부모님이 정리정돈과 관련된 고민을 털어놓으며 이런 말을 합니다. 실제로 정리정돈 습관이 정착되지 않는 이유 중 하나는 '부모가 하지 않으면서 아이에게 정리하라고 요구하는 것'에 있습니다. 아이들은 부모의 행동을 보고 배우기 때문에, 부모가 정리정돈을 하지 않는다면 아이도 어수선한 집을 당연하게 여깁니다. 특히 맞벌이 부부의 경우 집안일에 신경 쓸 시간이 부족해 주말에 몰아서 정리를 하거나, 아예 정리정돈을 포기하는 경우가 많습니다.

부모가 바쁘면 거실과 자녀의 방을
주기적으로 정리하기 어렵다.

아이들은 어릴 때부터 자신의 공간을 통해 정체성을 형성합니다. "이건 내 방이야."라는 인식은 단순한 공간 소유감을 넘어, 아이가 자신의 삶을 주체적으로 꾸려 나가는 첫걸음이 됩니다. 부모가 모든 것을 대신 결정한 방에서는 아이가 "이건 엄마 방이지, 내 방이 아니야."라고 느끼며 애착을 갖지 못합니다. 행복을 느끼는 공간은 단순히 인테리어가 예쁜 공간이 아니라, 나의 개성과 마음이 담겨 있는 공간입니다. 정리정돈은 공간을 깔끔하게 유지하는 것에 그치지 않습니다. 정리된 집은 가족들의 심리 상태에도 큰 영향을 미칩니다.

▶ 심리적 안정감

어수선한 환경은 마음까지 복잡하게 만들 수 있습니다. 반면, 깔끔하게 정돈된 공간은 예측 가능성과 안정감을 주어 심리적 여유를 만들어 냅니다.

▶ 집중력 향상

아이들의 경우, 정돈된 방은 산만함을 줄이고 집중력을 높이는 데 큰 도움을 줍니다. 공부 공간에서 불필요한 물건을 치우고 꼭 필요한 것만 남겼을 때, 아이들은 학습에 몰입하는 시간이 길어지게 됩니다.

▶ 가족 간 유대감 강화

정리정돈을 온 가족이 함께한다면, 이 과정 자체가 하나의 협력 활동이 됩니다. 가족들은 서로의 의견을 듣고, 공간을 꾸미는 과정에서 자연스럽게 대화하며 유대감을 키우게 됩니다.

더 이상 잔소리하고
싶지 않다면

아이 방이 어질러져 있을 때 부모는 자연스럽게 잔소리를 하게 됩니다.

"어휴, 너는 방이 왜 이렇게 지저분하니? 빨리 치워!"

한 가정에서는 아이 방이 항상 어질러져 있어 정리 문제로 갈등이 잦았습니다. 부모는 잔소리를 계속했고, 아이는 방이 어지럽혀진 이유를 설명하며 반발했습니다. 공간 컨설팅 이후 부모와 아이는 함께 방을 정리하기로 했습니다. 처음엔 힘들게 시작했지만, 아이는 점점 자신의 물건을 어떻게 정리할지 고민하며 흥미를 느꼈습니다. 부모는 "너는 이 선반을 어떻게 쓰고 싶니?"라며 의견을 물었고, 아이는 "여기는 내가 좋아하는 것만 둘래요!"라며 보물처럼 아끼는 물건들을 정리했습니다. 방 정리를 마친 후 아이는 "이제 내 방이 더 좋아졌어요."라며 뿌듯함을 느꼈습니다. 아이는 스스로 방을 정리하려고 노력하면서 부모와의 갈등도 눈에 띄게 줄어들었습니다.

정리정돈은 온 가족이 함께 만들어 가는 행복의 과정이어야 한다는 것이 저의 철학입니다. 자녀와 함께 정리 계획을 세우고, 공간을 꾸미는 과정에서 아이는 책임감과 성취감을 느끼고, 부모는 자녀와의 소통과 유대감을 강화할 수 있습니다. 인테리어는 집을 아름답게 만드는 기술이지만, 진정으로 아이들이 행복해하는 인테리어는 그 이상의 가치를 담고 있습니다. 아이들이 스스로 공간을 만들어 가고, 가족과 대화하는 과정이야말로 행복한 공간의 힘입니다.

가족과 함께하는
정리정돈의 4단계

정리정돈을 체계적으로 실행하려면 목표와 역할을 명확히 하고, 가족 모두가 공유하는 과정이 필요합니다. 네 가지 단계로 나누어 실천해 봅시다.

① 목표를 설정해야 합니다

가족이 함께 정리할 공간과 목표를 정합니다. 예를 들어, "이번 주에는 거실과 주방을 정리하자."라는 식으로 주 단위 목표를 설정하고 이를 공유하는 것이 좋습니다. 목표를 정할 때 가족 회의를 통해 모두가 동의하도록 하는 것도 중요합니다. 아이들에게 의견을 묻고, 작은 공간이라도 자신이 책임질 수 있는 부분을 제안하게 하면 참여도가 훨씬 높아집니다.

② 역할을 분담해야 합니다

정리정돈은 모두의 협력이 필요하므로 역할 분담이 필수입니다. 부모는 가구 배치나 큰 물건 정리를 담당하고, 아이들은 장난감, 책, 학용품 정리를 맡는 식으로 각자 능력에 맞춘 책임을 부여하세요. 역할을 분명히 정하면 가족 간의 협력이 자연스럽게 이루어지고, 모두가 함께 노력한다는 느낌을 받을 수 있습니다.

③ 정리 시간을 규칙적으로 확보해야 합니다

정리정돈이 습관이 되려면 꾸준한 실행이 중요합니다. 처음에는 매일 10분씩, 주말에는 30분씩 정리 시간을 정해 실천해 봅시다. 짧은 시간이라도 매일 반복하면 정리정돈이 생활의 일부로 자리 잡을 수 있습니다.

④ 성과를 공유해야 합니다

정리가 끝난 후에는 함께 성과를 확인하는 시간을 가져 보세요. 정리 전과 후의 변화를 사진으로 찍어 비교하거나, 정리된 공간에서 가족 모두가 자부심을 느낄 수 있도록 칭찬과 격려를 아끼지 마세요. 이런 과정을 통해 아이들은 자신이 한 일에 뿌듯함을 느끼고, 정리정돈을 귀찮은 일이 아니라 보람 있는 활동으로 여길 거예요.

온 가족이 함께하는 정리정돈 DAY

정리정돈을 가족 모두의 습관으로 만들기 위해서는 꾸준한 실천이 중요합니다. 가족이 함께하는 '정리정돈의 날'을 만들어 보는 건 어떨까요? 가족 모두가 즐겁게 참여할 방법을 찾아, 정리정돈이 힘들고 지루한 작업이 아니라 재미있는 일상으로 자리 잡도록 해 보는 겁니다. 가족이 함께 정리정돈을 하기 위해서는 규칙을 정하는 것이 중요합니다. 정리정돈이 일상화되지 않은 가정이라면 정리 시간을 정해 보세요.

정리정돈 규칙 세우기

가족이 함께 정리정돈을 하려면 규칙을 정하는 것이 중요합니다. 부모가 시간 여유가 될 때, 기분 내킬 때 정리하고 있지는 않나요? 이러한 부모의 태도는 아이에게 혼란을 줍니다. 정리 시간을 정하고, 이를 정례화하는 것이 효과적입니다. 예를 들어, 다음과 같은 규칙을 세울 수 있습니다.

"우리 집은 매일 오후 8시에 다 같이 정리하는 시간으로 정하자."
"매주 둘째 주 토요일은 가족 대청소의 날로 정하자."

청소와 정리정돈은 혼자 하면 시간이 오래 걸리고 지루할 수 있습니다. 하지만 가족 모두가 함께하면 2시간 걸릴 일이 20분 만에 끝날 수도 있습니다. 실제로 이러한 방식으로 정리를 해 본 가족들은 효율성을 체감합니다. 정리정돈의 날에 중요한 것은 각자의 역할을 명확히 나누는 것입니다. 모든 가족 구성원이 각자의 역할을 맡고, 그 역할을 꾸준히 반복해야 합니다.

> **정리정돈 역할 예시**
> - 각자의 방은 각자가 정리한다.
> - 화장실 정리는 아빠가 맡는다.
> - 주방 정리는 엄마가 맡는다.
> - 거실 정리는 아이가 맡는다.

역할 분담 시 주의할 점은 본인 물건은 본인이 직접 정리하게 하는 것입니다. 예를 들어, 아빠가 화장실을 청소할 때, 화장실에 있는 아이의 생활용품은 아이가 직접 와서 정리하도록 해야 합니다. 아빠가 대신 정리를 해 주면, 아이는 자신의 물건에 책임감을 느끼지 못할 수 있습니다.

   실제로 가족만의 정리정돈 규칙을 세워 실천한 가정들은 정리정돈에 대한 태도가 크게 바뀌었습니다. 이전에는 부모가 잔소리해야 아이가 움직였지만, 규칙을 정한 이후에는 아이들이 스스로 정리하는 모습을 보이기 시작했습니다.

정리정돈 루틴 만들기

정리정돈을 일상화하려면 가족이 모여 함께하는 시간을 파악하는 게 먼저입니다. 예를 들어, 저녁 식사 후나 잠들기 전에 하루 10분간 온 가족이 모여 정리하는 시간을 가지는 것입니다.

229쪽 〈4인 가족 생활 패턴에 따른 정리 루틴〉을 참고해서 우리 가족만의 루틴표를 작성해 보세요.

1년 뒤에도 유지되는 정리의 핵심

정리정돈 루틴을 만들어도 유지하지 못하는 경우가 다반사입니다. 아이들이 방을 정리한 후 금세 어질러지는 상황은 부모와 아이 모두에게 스트레스를 줍니다.

4인 가족 생활 패턴에 따른 정리 루틴 (예시)

1. 일일 정리 루틴 (매일)
각 활동은 5~15분 내외로 설정해 부담을 줄입니다. 자녀들도 쉽게 참여할 수 있도록 구성합니다.

아침 루틴 (총 20분)			
시간	활동	담당자	소요시간
7:00 AM	침대 정리: 각자 자신의 침대를 정리	가족 모두	5분
7:05 AM	주방 정리: 아침 식사 후 설거지 및 간단한 주방 청소	부모	5분
7:30 AM	책가방 및 준비물 체크: 자녀들의 학교 준비물 점검	자녀	5분
7:40 AM	옷장 정리: 자녀들이 착용한 잠옷이나 홈웨어를 옷걸이에 걸거나 빨래통에 넣음	자녀	5분

하교 및 퇴근 후 저녁 루틴 (총 55분)			
시간	활동	담당자	소요시간
6:00 PM	책상 정리: 자녀들이 사용한 책과 학용품을 정리, 책상 위를 깔끔하게 정리	자녀	10분
6:10 PM	장난감 정리: 자녀들이 사용한 장난감을 정리함에 넣고, 정리된 상태 유지	자녀	10분
7:00 PM	주방 정리: 저녁 식사 후 설거지 및 주방 정리	부모	15분
7:15 PM	거실 정리: 장난감, 잡지, 리모컨, 생활용품 정리	가족 모두	10분
7:25 PM	욕실 정리: 수건 정리 및 세면대, 간단한 변기 청소	부모	5분
7:30 PM	옷장 정리: 외부에서 착용한 옷은 옷걸이에 걸거나 빨래통에 넣음	가족 모두	5분

2. 주간 정리 루틴 (매주 2회 - 수요일, 토요일)
매주 수요일과 토요일에 정리 루틴을 배치하여 가사 부담을 분산합니다.

수요일 루틴 (30분)

시간	활동	담당자	소요시간
6:00 PM	냉장고 정리: 유통기한 점검 및 불필요한 식재료 정리	부모	10분
6:10 PM	옷장 정리: 1주일간 흐트러지거나 빨래해야 할 옷들을 분류하여 각각 정리	자녀	10분
6:20 PM	화장실 청소: 세면대, 변기, 거울 청소	부모	10분

토요일 루틴 (1시간 30분)

시간	활동	담당자	소요시간
10:00 AM	옷장 정리: 다음주에 입을 옷이나 속옷을 체크하고 준비	가족 모두	20분
10:20 AM	책상 정리: 이번 주에 다 쓴 공책이나 물건은 정리하고 다음주 교과서 숙제 준비	자녀	20분
10:40 AM	식품 정리: 냉장고 이외에 상온 식품의 유통기한 점검 및 불필요한 식재료 정리	부모	20분
11:00 AM	대청소: 각자의 방과 공용 거실, 욕실, 주방을 역할을 나눠 청소 및 정리	가족 모두	30분

3. 월간 정리 루틴 (매달 마지막 주말)
매달 2시간 정도 시간을 투자하여 집안을 정리합니다.

아침 루틴 (총 2시간)			
시간	활동	담당자	소요시간
9:00 AM	창고 및 팬트리 정리: 오래된 물건 정리 및 사용하지 않는 물건 폐기	부모	30분
9:30 AM	자녀 장난감 정리: 사용하지 않는 장난감 정리 및 기부 준비	자녀	30분
10:00 AM	거실 대청소: 거실 바닥, 테이블, TV 등 청소 및 먼지 제거	가족 모두	30분
10:30 AM	옷 정리: 옷장 교체 및 계절 의류 정리	가족 모두	30분

4. 계절별 정리 루틴 (분기별)
분기마다 계절에 맞춰 집안을 대대적으로 정리하고 교체합니다.

아침 루틴 (총 4시간)			
시간	활동	담당자	소요시간
9:00 AM	옷장 계절 교체: 계절별 옷 교체 및 불필요한 옷 정리	가족 모두	1시간
10:00 AM	침구 교체: 계절에 맞는 침구 교체	부모	1시간
11:00 AM	창고 대청소: 창고 정리 및 필요 없는 물건 정리	가족 모두	2시간

5. 매주 가족 회의 (일요일 저녁 10분)

일요일 저녁 루틴 (총 10분)			
시간	활동	담당자	소요시간
7:00 PM	가족 회의: 다음 주 정리 계획 점검 및 조정, 각자 역할 분배	가족 모두	10분

이런 실패의 가장 큰 원인은 물건이 너무 많거나, 수납 방식이 비효율적이기 때문입니다. 아래의 방법을 통해 정리정돈 습관을 성공적으로 정착시켜 봅시다.

▶ 불필요한 물건 과감히 비우기

사용하지 않는 물건을 과감히 비우고 기부하는 습관을 들이세요. 정리정돈은 '비우기'에서 시작됩니다. 아이와 함께 어떤 물건이 필요한지 선택하고, 사용하지 않는 물건은 정리하는 과정을 통해 물건의 소중함도 가르칠 수 있습니다.

▶ 효율적인 수납 시스템 구축

자주 사용하는 물건은 손이 쉽게 닿는 곳에 배치하고, 사용 빈도가 낮은 물건은 상단이나 하단에 배치하세요. 라벨링이나 투명 박스를 활용해 물건의 위치를 쉽게 파악할 수 있도록 하는 것도 좋은 방법입니다.

▶ 시각적 관리 도구 활용하기

물건의 수량과 위치를 쉽게 파악할 수 있는 목록을 작성해 봅니다. 창고나 큰 팬트리 문에 종이를 붙여 보세요. 각 칸에 어떤 물건이 있는지 목록을 쓰면 지도같은 역할을 해 줍니다.

아이가 스스로 찾는
수납의 비결

"자주 쓰는 물건은 가까운 곳에, 덜 쓰는 물건은 먼 곳에."

기본 중의 기본이지만, 많은 사람이 실천하지 못하는 원칙입니다. 자주 쓰는 물건은 언제나 손 닿는 곳에 배치하고, 1년에 한두 번 쓸까 말까 한 물건은 베란다나 창고로 옮겨 주세요. 한 가

옷장을 철제 선반으로 바꾸기만 해도 공간에 개방감이 생긴다.
철제 선반은 소모품의 재고량과 위치를 한눈에 파악할 수 있다.

정에서는 겨울에만 사용하는 전기담요와 대형 온풍기가 거실 수납장의 가장 잘 보이는 자리를 차지하고 있어, 평소 자주 쓰는 물건을 찾으려면 늘 치우고 꺼내야 했습니다. 이 물건들을 창고로 옮기고, 매일 쓰는 청소도구를 그 자리에 두자 생활이 훨씬 편리해졌습니다.

① 수납도 기술이다

멀티룸을 활용할 때 가장 중요한 요소 중 하나는 바로 수납입니다. 물건을 한 공간에 모아 둔다고 해서 정리가 잘된 것은 아니죠. 오히려 계획 없이 쌓아 두면 공간이 어수선해지고 활용도가 떨어져 물건만 방치하게 됩니다. 그러면 정작 물건이 필요할 때 어디 있는지 몰라서 헤매게 되지요. 멀티룸을 제대로 활용하려면 체계적인 수납 시스템을 갖추는 것이 중요합니다.

마구잡이로 신발이 쌓이지 않도록 한 칸씩 수납 가능한 투명 수납함을 사용했다.

② 수집품이 많다면?

특정 물건이 너무 많은 경우, 무조건 과감히 버리는 게 답은 아닙니다. 매번 신발을 찾을 때 모든 박스를 열어 보기 어려운 집이 있었습니다. 여기에는 투명한 수납 도구나 라벨링을 사용하여 신발을 쉽게 찾을 수 있도록 했습니다. 벽면에 최대한 높은 수납장을 쓰면 정리하기 좋습니다.

이삿짐 상자나 종이 박스보다는 서랍처럼 열리는 형태의 수납함이 좋다.
매번 상자를 꺼내야 하는 수고를 덜어 주기 때문이다.

③ **수납장은 있는데 사용하지 않아요**

상담하다 보면, 집마다 언제 누가 보관했는지, 무엇이 들었는지 정체를 알 수 없는 박스를 열게 됩니다. 혹시 날 잡아서 한 번에 넣고 나면 다시 꺼내지 않는 박스가 있다면 점검이 필요합니다. 자주 꺼내지 않는 물건이라도 필요할 때 찾을 수 있어야 체계적인 수납 시스템이 완성됩니다.

오늘부터 가족이 함께하는 정리정돈 루틴을 만들어 보세요. 가족 모두가 함께하는 가장 실용적이고 의미 있는, 아이에게는 성취감을 느끼고 책임감을 배우는 시간이 될 것입니다. 정리정돈이 가족의 일상으로 자리 잡는 순간, 우리 집 청결 지수는 물론 가족의 행복 지수까지 높아집니다.

가족 수에 딱 맞는
짐 크기의 법칙

정리정돈은 단순히 공간을 깔끔하게 유지하는 것을 넘어 가족의 삶의 질과 행복을 결정짓는 중요한 요소입니다. 특히 온 가족이 함께 정리정돈에 참여하면 유대감이 강화되고 삶에서 느끼는 심리적 안정감과 만족감도 크게 높아집니다.

하지만 여기서 중요한 사실! 정리정돈은 마법 같은 해결책이 아닙니다. 집의 크기와 가족 구성원의 수, 그리고 각자의 생활방식에 따라 보유할 수 있는 물건의 한계가 있습니다. 마치 냉장고 크기에 맞는 음식만 넣어야 하는 것처럼, 집 안의 물건도 우리 가족에 맞는 적정 수량을 찾아내는 것이 정리정돈의 출발점입니다. 정리정돈의 과정에서 '우리 가족에게 딱 맞는 물건의 수'를 찾을 수 있습니다.

우리 집 적정 재고를 파악하라

정리정돈 컨설팅을 하다 보면, 공간 규모와 가족 구성원 수에 따라 필요한 물건의 수가 다르다는 사실을 자연스럽게 깨닫게 됩니다. 예를 들어, 20평대 집에 자녀가 둘인 경우와 30평대 집에 자녀가 하나인 경우의 물건 배치는 완전히 다릅니다.

자녀가 고학년일수록, 가족 구성원이 많을수록 가구와 물건도 많습니다. 하지만 이는 어디까지나 평균 수치일 뿐 실제로 개인차가 있기 때문에 가구별 맞춤형 정리정돈이 필요한데, 이 부분이 솔루션의 핵심이라고 볼 수 있습니다. 아빠가 피규어를 수집을 하거나 골프채를 모으고 있어서 이것만큼은 절대로 버릴 수 없다고 하는 집, 자녀가 어릴 때부터 받은 상장이나 트로피를

정리정돈의 기본은 적정 재고를 파악하는 것이다.

꼭 거실에 진열해야 한다고 하는 집도 있습니다.

정리정돈의 첫걸음은 우리 집에서 꼭 필요한 물건이 무엇인지 적정 재고를 파악하는 것입니다. 여기서 말하는 '적정 재고'란, 모든 물건을 최소화하라는 뜻이 아닙니다. 가족 구성원이 삶을 편안하게 유지하면서도 공간을 효율적으로 활용할 수 있는 최적의 물건 수를 찾는 것이지요.

기본적으로 정리정돈은 '내가 가진 불필요한 물건을 버릴' 가능성을 안고 시작하는 것입니다. 가족 각자의 취향은 존중되어야 하지만 현실적으로 보유 불가능한 물건을 계속 고집하면 정리정돈을 하는 게 무의미합니다. 그렇다고 아이들 트로피를 버리라고 할 수는 없는 노릇이겠지요. 이 문제를 해결하려면 적정 수량의 개념을 알고 있어야 합니다. 예를 들어, '트로피가 10개가 있는데 이 중 꼭 진열해야 하는 트로피는 무엇인지'를 정해야 합니다. 이를 통해 "초등학교 3~6학년 때 받은 트로피는 꼭 진열해야 한다."라고 정했다면, 그 이전에 받은 트로피는 과감하게 창고에 정리를 해 두는 식의 결심이 필요합니다.

절대 버리지 못하는 대표적인 물건이 주방용품 같은 소모품입니다. 키친타월이나 대걸레, 청소포 같은 소모품의 경우 오래되거나 사용하지 않는 것은 과감하게 버릴 수 있어야 합니다. 단순히 아깝다는 이유로 정리를 하지 않고 방치할 경우 정작 이런 물건이 필요할 때 집 안 어디에 있는지 찾을 수 없어 또다시 구입하는 악순환이 벌어지게 됩니다. 실제로 정리정돈 의뢰를 받은 한 사례 중 냉장고에 굴비가 한 두름(20마리)이나 들어 있었는데, 의뢰인은 이렇게 많은 굴비가 있는 줄 몰랐던 경우도 있었습니다.

재고 수량을
장부에 기록하라

부모 중 한 사람은 우리 집의 각 품목별 적정 재고를 파악할 수 있어야 합니다. 재고 파악이 되는 시스템을 만들기 위해 장부를 만드는 것도 한 방법입니다. 정리정돈 할 때는 기본적으로 우리 집의 품목별 재고가 얼마나 되는지, 그리고 얼마큼을 버리고 얼마큼을 다시 정리 후 배치할지 결정할 수 있어야 합니다. 정리정돈 이후에는 각 품목별 재고의 수량이 숫자로 정리되어 장부에 기록되면 좋습니다. 저의 경우 직관적으로 파악할 표를 작성하기를 강조하는 편입니다.

우리 집의 재고를 파악하고 기록하는 과정은 공간을 효율적으로 활용하는 데 도움을 주기도 하지만 심리적 안정감과 더불어 올바른 소비 습관을 만드는 데도 중요한 역할을 합니다. 특히 가정 내 물품 재고를 숫자로 기록하면 소비 습관을 객관적으로 파악할 수 있는 장점이 있으며, 적정 재고에 대한 가족 구성원 합의를 이끌어 내기에도 수월합니다.

정리정돈을 체계적으로 실천하면 충동 구매나 대량 구매, 중복 구매를 방지해 생활비를 절약합니다. 즉 불필요한 지출과 낭비를 줄이는 가장 쉬운 방법이지요. 처음에는 익숙하지 않을 수

우리 집 재고 파악의 시간을 가지는 시간을 가져 보자.
재고량을 한눈에 볼 수 있도록 넓은 공간에 펼쳐 보는 것도 좋다.

있지만, 꾸준히 실천하다 보면 경제적 이점을 얻을 뿐만 아니라 삶이 한층 풍요로워지고, 하루하루가 더 여유롭게 다가옵니다. 하지만 부모 중 한 사람이 가족 구성원의 모든 물건과 재고를 관리하는 것은 현실적으로 쉽지 않습니다. 가족 구성원 각자 역할과 책임을 명확히 나누고, 부모가 총괄적으로 관리하는 방식이 이상적입니다.

　이 과정에서 부부간 충분한 대화와 합의가 중요합니다. 정리정돈 규칙을 갑작스럽게 통보하면 당혹스러움을 줄 수 있기 때문에 먼저 부부가 함께 논의해 방향을 정해야 합니다. 자녀를 정리정돈에 어떻게 참여시킬지, 한 사람이 아이를 돌보는 동안 다른 사람이 집안일을 맡을지, 또는 요일별로 돌아가며 역할을 나눌지 등을 충분히 협의하는 것이 필요합니다. 예를 들어, "여보, 이번 달부터 정리정돈 규칙과 담당을 정할 거야."라고 일방적으로 알리는 것보다는, "우리 집을 더 효율적으로 관리하려면 역할을 나누는 게 좋을 것 같아. 어떻게 생각해?"라고 대화를 시작하면 더 긍정적인 반응을 이끌어 낼 수 있습니다.

자녀와의 대화 역시 필수입니다. 아이들이 정리정돈에 스스로 참여하도록 간단한 규칙을 제시하고 선택권을 주는 것이 중요합니다. 정리정돈은 가족 모두의 협력으로 이루어지는 만큼, 서로의 의견을 존중하며 진행하는 것이 가장 효과적입니다.

집안일 돕지 않는 남편도
참여시키는 법

맞벌이 부부인 경우 부모의 스케줄이 들쭉날쭉할 수 있기 때문에 규칙과 역할을 정하더라도 자주 소통해야 합니다. 둘 중 한 사람이 갑자기 야근을 하거나 집에 늦게 들어올 일이 생기면 다른 배우자가 도와줄 수 있어야 합니다. 우리나라는 살림의 대부분을 여자가 하는 실정입니다. 상담을 가 봐도 워킹맘인 엄마가 집안 살림의 대부분을 책임지는 경우가 많습니다.

역할을 나누어서 해 보라고 하면 돌아오는 반응이 "우리 남편은 어차피 안 해요."입니다. 과거 수년 동안 하지 않던 집안 살림을 어느 날 갑자기 하라고 해 봤자 어차피 하지 않는다고 짐작하는 것이죠. 하지만 저는 강하게 강조합니다.

"남편의 성격을 바꾸라는 게 아니에요. 남편의 습관을 바꿔 주면 됩니다. 우리 가족의 정리정돈 규칙이 정해지면 남편이 할 일만 명확하게 정리해 주시면 돼요."

집안 살림에 관여하지 않던 남편에게 정리정돈과 역할 문제를 거론하면 "설거지와 빨래 정도는 내가 하겠다."라는 식으로 두루뭉술하게 답하는 사람도 있습니다. 하지만 집안일을 적당히 도와주는 것이 정리정돈이라는 건 대단히 큰 착각입니다. 오히려 남편이 사용한 물건을 정리정돈하고 제자리에 가져다 놓는 습관을 들이기만 하면 됩니다. 이 방법이 남편에게도 부담이 덜 되고 수월할 것입니다. 예를 들어, 식사 후 각자가 먹은 밥그릇을 싱크대에 넣는다는 규칙을 남편이 따라 주기만 해도 일은 훨씬 쉬워집니다. 물론 이 과정에서 부부간의 역할을 합의해야 하지만, 감정적이고 정서적인 영역으로 집집마다 차이가 있을 수 있습니다. 하지만 정리정돈에 관해 공통으로 적용할 수 있는 부분은 '정리정돈 효과를 경험하면 가족 모두가 실천하게 된다.'라는 것입니다.

"하지만 저는 매일 야근을 해서 몸이 너무 피곤해요."
"우리 집은 청소를 몰아서 한꺼번에 하는데, 굳이 그렇게까지 할 필요가 있을까요?"

부부가 이렇게 반문하는 경우도 있지만, 정리정돈은 사실 부부보다는 자녀들을 위해 꼭 필요하다는 점을 명심하셔야 합니다. 아이 성장과 학습 성과에 영향을 미치는 정리정돈을 부모가 귀찮고 피곤하다는 이유로 미룰 수는 없다고 생각하시면 되겠습니다.

    배우자가 상대방의 정리정돈을 도와주지 않는 경우 정리정돈 효과는 제대로 발휘되기 어렵습니다. "원래 정리를 잘하는 사람이니까 금방 치우겠지." 하고 생각하게 되면, 정리정돈을 한 이후에도 다시 원래 무질서한 관리 상태로 쉽게 돌아가게 됩니다. 정리정돈은 참여하는 사람의 마음가짐이 중요합니다. 이 때문에 부부가 상의하는 단계에서부터 충분히 대화해야 합니다.

물건과의 작별,
아이가 먼저 결정하도록 하라

 정리정돈 습관은 아이들의 집중력과 자율성을 키우는 데 큰 역할을 합니다. 스스로 주변 환경을 정리하는 과정을 통해 책임감을 배우고, 이는 학습 능력 향상에도 기여합니다. 하지만 아이의 물건, 특히 장난감과의 작별은 쉽게 이루어지지 않습니다. 이럴 땐 부모의 일방적인 정리가 아니라, 아이가 스스로 결정하도록 유도하는 것이 중요합니다.

 아이의 방을 구성하거나 정리정돈 습관을 고민할 때 중요한 기준점은 자녀가 학령기에 접어들었는지의 여부입니다. 만 4세부터 초등학교 3학년까지는 정리정돈에 초점을 맞추는 시기입니다. 이 시기에는 장난감과 학용품 등을 정리하며 스스로 물건을 관리하는 기본 습관을 형성할 수 있습니다. 초등학교 3학년 이후부터는 정리정돈 습관이 자리 잡은 아이를 위해 최적의 학습 환경을 조성하는 데 집중해야 합니다. 책상 주변의 물건을 최소화하고, 집중력을 방해할 수 있는 물건은 과감히 정리하는 것이 중요합니다. 중학생이 되었는데도 초등학교 이전에 사용하던 장난감이 방을 차지하고 있다면 아이의 공간 활용과 집중력에 부정적인 영향을 미칠 수 있습니다.

장난감 버릴 때
아이를 설득하는 법

부모가 갑작스럽게 "이제 장난감을 모두 치우자."라고 하면 아이는 당황하거나 반발할 수 있습니다. 그러므로 아이와 매달 날짜를 정해 함께 상의하며 장난감을 정리하는 것이 효과적입니다. 한 달에 한 번씩 꾸준히 정리 습관을 들이면 아이도 점차 스스로 방을 정리하는 데 익숙해집니다. 특히 아이가 학령기에 접어들기 5~6개월 전부터는 장난감을 서서히 줄이는 작업이 필요합니다. 많은 부모가 "우리 아이가 내년에 학교에 들어가는데 장난감이 방을 가득 채워 도저히 못 버리겠다."라고 하소연합니다. 이는 부모가 어느 날 갑자기 정리를 시도했기 때문입니다.

골프를 좋아하는 남편에게 어느 날 갑자기 "여보, 이번 달부터 골프 금지야. 골프채는 모두 정리하자!"라고 하면 어떨까요? 당연히 반발할 것입니다. 아이들 역시 마찬가지입니다. 소중한 장난감일수록 시간을 두고 자녀와 천천히 대화하며 버릴 장난감과 그렇지 않은 장난감을 구분해야 합니다. 중요한 것은 아이에게 기한을 두고 스스로 정리할 시간을 주는 것입니다. 장난감 정리는 부모가 일방적으로 진행하기보다는 아이가 스스로 결정하

자녀가 초등학생이 되었는데도 유아 때 쓰던 물건이 있다면 정리정돈 습관을 들이기 어렵다.
학령기로 접어들기 전 장난감은 서서히 비우는 것이 좋다.

도록 도와야 합니다.

"○월 ○○일까지 정리할 시간을 줄게. 그때까지 사용하지 않는 장난감을 알려 주겠니?"

이렇게 기한을 정해 주면 아이가 주도적으로 정리할 수 있습니다. 아이가 작성한 장난감 목록을 바탕으로 대화를 이어 가며 "이 장난감은 소중한 것이니 남겨 두고, 이 장난감은 더 이상 사용하지 않는다는 거지?"라고 확인해 나가는 것이 좋습니다.

- **피아노**: 장식용이 되기 일쑤인 대표 골칫거리. 간혹 중학교 자녀가 더 이상 치지 않는 피아노가 방 한 편을 차지하고 있고, 그 위에 트로피, 화분, 인형이 가득 놓인 채 먼지가 수북이 쌓여 방

> 치되기 쉽습니다.
> - **학습 만화**: 버리기 아까워서 아이가 성인이 된 뒤에도 책장 한편에 자리를 차지하는 경우가 많습니다.

아이의 방 정리를 위해 단순히 버리라고 강요하는 것보다는, 아이와 함께 정리 규칙을 세우고 그 기준을 명확히 하는 접근 방식이 훨씬 효과적입니다. 예를 들어, 피아노를 버려야 할 때에는 차분히 설득해 아이를 이해시켜야 합니다. 하지만 피아노를 동생에게 물려주기 위해 보관해야 한다면 '피아노 위에 물건을 놓지 않기'나 '피아노 위에 지정된 물건 몇 개만 놓기' 등의 규칙을 정해 아이가 스스로 정리 기준을 이해하고 실천할 수 있도록 도와줍니다. 아이에게 거부감 없이 자연스럽게 규칙을 받아들여야 아이의 자율성을 존중하면서도 올바른 정리 습관을 길러 줄 수 있습니다.

미련 가득한 물건 버리게 하는
부모의 대화법

아이들에게는 모든 물건이 소중하고, 때로는 친구 같은 존재가 되기도 합니다. 하지만 많은 부모가 "그냥 버려!", "왜 이렇게 지저분해?", "제발 좀 정리해!" 같은 단답형 표현을 사용합니다. 하지만 부모가 곁에 없을 때 아이의 친구가 되어 주었던 물건들은 아이들에게는 너무나도 소중한 존재입니다. 그래서 저는 부모님들에게 아이 설득의 기술에 대해 꼭 당부합니다. 아이들에게 절대 '버린다.'라는 표현은 삼가는 게 좋습니다. 버린다는 표현을 들으면 아이들은 오히려 거부 반응을 보일 수 있습니다. 대신, '나눔', '선물' 같은 긍정적인 표현을 사용해 보세요.

"어릴 때 가지고 놀았던 장난감인데 버리긴 아까우니, 우리 동생에게 선물해 주자."
"우리 이 장난감은 어린이집 동생들에게 선물로 주는 게 어때? 동생들이 좋아할 것 같아."
"필요한 친구에게 나누면 더 좋은 일이 생길 거야."

놀라운 점은 상담을 받은 부모님들 모두 같은 반응을 보였다는 것입니다.

"정말 신기해요! 알려 주신 대로 말해 보니, 1년 동안 설득해도 안 버리던 물건을 기꺼이 동생에게 주겠다고 하네요!"

오늘부터는 아이들에게 "버린다."와 같은 단순한 표현 대신, 보다 구체적이고 긍정적인 표현을 사용해 보세요. 이렇게 제안하면, 아이는 흔쾌히 더 많은 장난감을 정리하려고 할 것입니다. 대화법을 바꾸면 아이들의 태도가 달라지는 기적을 경험할 수 있을 거예요. 정리정돈은 단번에 끝나는 일이 아니라 습관으로 만들어야 합니다. 부모가 꾸준히 아이와 대화를 나누며 정리 과정에 함께하면 아이는 스스로 정리정돈을 즐길 수 있게 됩니다. 무엇보다 장난감과의 작별은 아이가 스스로 선택할 때 가장 효과적이고 자연스럽게 이루어진다는 사실을 기억하세요.

아이를 위한 정리 습관 교육법

정리 습관은 단순히 방을 깨끗하게 유지하는 것을 넘어, 책임감과 자율성을 키우고 삶의 질을 높인다는 생각으로 접근해야 합니다. 하지만 아이를 가르치는 데 있어서 많은 부모가 겪는 공통적인 고민이 있습니다. "말로 설명해도 아이가 따라 하지 않아요.", "정리하라고 해도 금방 다시 어질러요." 정리정돈은 부모와 아이 모두에게 도전 과제처럼 느껴질 수 있습니다. 하지만 정리정돈은 교육과 습관의 문제이며, 몇 가지 방법과 사례를 활용하면 자연스럽게 아이들의 일상에 스며들게 할 수 있습니다.

모범을 통해 배우게 하라

아이들은 부모를 보고 배우는 경우가 많습니다. 정리정돈 역시 마찬가지입니다. 부모가 먼저 물건을 제자리에 두고, 깔끔하게 정리하는 모습을 자주 보여 준다면 아이들도 자연스럽게 모방합니다. 예를 들어, 부모가 책을 읽고 난 후 책꽂이에 다시 꽂거나, 저녁 준비 후 주방을 정리하는 모습을 보여 주면 아이는 이를 관찰하고 따라 하게 됩니다. 한 부모는 자신이 매일 아침 식사 후 식탁을 정리하고 깨끗이 닦는 모습을 아이에게 보여 주면서 "식탁을 항상 이렇게 깨끗하게 유지하면 기분이 좋아지지 않니?"라고 이야기했다고 합니다. 이후 아이는 스스로 간식을 먹은 후 식탁을 닦기 시작했고, 부모는 아이의 작은 행동을 크게 칭찬해 주며 습관으로 자리 잡게 도왔습니다.

정리 시스템을 만들어 주자

정리정돈은 아이가 스스로 실천할 수 있는 '시스템'이 갖춰졌을 때 더욱 효과적입니다. 아이들에게 "장난감을 정리하라."라고 막연히 말하기보다는 정리의 경계와 규칙을 명확히 정해 주는 것이 중요합니다. 예를 들어, 아이가 놀 수 있는 공간을 정하고, 장난감은 반드시 그 공간 안에서만 사용하도록 약속하는 것입니다.

"장난감은 놀이방에서만 가지고 놀 수 있어. 놀고 난 후엔 장난감은 원래 자리에 꼭 놓아야 해."

각 물건은 올바른 자리가 있음을 꾸준히 반복해 알려 주면서 아이와 약속을 합니다. 또 장난감을 보관할 바구니나 선반에 그림과 색깔로 스티커를 붙이면 아이가 더 쉽게 물건을 정리할 수 있습니다. 저의 경우 레고 블럭을 정리하기 위해 색깔별로 투명 박스를 준비하고, 박스에 빨강, 파랑, 노랑 레고 그림을 붙였더니 아이가 "내가 만든 레고 집도 여기 넣으면 되지?"라며 스스로 정리했습니다.

**놀이처럼
즐기게 하라**

어린아이들에게 정리정돈은 지루하고 귀찮게 느껴질 수 있습니다. 이럴 때 정리정돈을 놀이로 만들어 주면 아이들은 훨씬 더 즐겁게 참여할 수 있습니다.

"누가 더 빨리 정리하나 시합해 볼까?"라며 타이머를 설정해 게임을 하거나, "엄마랑 장난감을 색깔별로 정리하는 게임을 하자!"처럼 정리를 놀이로 만들어 주는 것이 효과적입니다. 한 가족은 매주 주말마다 '정리 챌린지'를 열었는데, 부모와 아이가 서로 경쟁하며 5분 안에 누가 더 많은 물건을 정리하나 내기를 했습니다. 정리가 끝난 후에는 작은 간식을 함께 먹으며 정리정돈을 하나의 재미있는 활동으로 자리 잡게 했습니다.

칭찬과 보상을 활용하라

아이들이 정리정돈에 동참했을 때, 부모의 칭찬과 보상은 그 행동을 강화하는 도구입니다. 작은 일이라도 칭찬을 아끼지 않고, 그 행동의 결과를 아이가 스스로 느낄 수 있게 하는 것이 중요합니다.

예를 들어, "와! 엄마가 부탁한 대로 장난감을 잘 정리했네. 정말 대단하다!"라고 말하며 아이가 성취감을 느낄 수 있도록 해 줍니다. 이와 함께 "오늘 이렇게 잘 정리했으니 너가 좋아하는 돈가스를 저녁에 해 줄게!"와 같은 작은 보상도 아이의 동기를 높이는 데 효과적입니다. 아이가 정리를 잘할 때마다 스티커를 주고, 스티커가 10개 모이면 원하는 간식을 사 주거나 놀이공원에 가는 '스티커 제도'를 도입해 보면 어떨까요? 아이는 스티커를 모으는 재미에 푹 빠져 정리정돈을 습관으로 만들 것입니다.

정리정돈을 하루 루틴으로 만들어라

정리정돈이 자연스럽게 습관이 되려면 하루 일과 중 정해진 시간에 반복적으로 실천하는 것이 중요합니다. 예를 들어, 놀이 활동을 오후에 한다면 5시쯤 정리정돈 시간을 정해 매일 같은 시간에 정리하는 습관을 들이는 것입니다. "5시가 되면 갖고 놀았던 장난감을 정리하는 시간이야!"라는 규칙을 일주일에서 열흘 정도 반복하면, 아이는 스스로 5시가 되면 정리를 해야 한다는 것을 자연스럽게 인지하게 됩니다.

한 부모는 자녀와 함께 '정리 송'을 만들어 매일 정리 시간을 즐겁게 보냈습니다. "장난감은 바구니로, 책은 책꽂이로, 우리는 정리왕!" 같은 간단한 노래를 부르며 정리 시간을 즐거운 놀이로 전환한 것입니다.

동선을 줄이는
인테리어 관리법

잘 정리된 공간은 집안에서의 시간과 에너지 절약을 가능하게 해 피로도를 줄이고 일상을 훨씬 편리하게 만들어 줍니다. 요리할 때 필요한 조리 도구를 찾는 시간을 줄이고, 실내 이동 동선이 최적화되면 불필요한 움직임을 최소화할 수 있습니다. 컨설팅을 하다 보면, 많은 분들이 정리정돈 서비스를 요청하는 이유로 "시간을 절약해 주기 때문"이라고 말하곤 합니다. 이런 이야기를 들을 때마다 요즘은 '돈보다 시간이 중요한 시대'라는 것을 실감하게 됩니다. 이른바 '시성비(시간 대비 효과)'의 시대인 셈입니다.

**동선 관리가
왜 중요한가?**

하루 대부분을 보내는 집이라는 공간에서, 작은 에너지 낭비가 쌓이면 결국 큰 피로로 이어집니다. 특히 가정은 빨래, 청소, 요리 등 반복 작업이 많아 효율적인 동선 관리가 필수적입니다. 회사에서는 사무실, 회의실, 탕비실 등이 직원들의 동선을 최소화하도록 설계되어 있는데, 정작 집에서는 이러한 효율성을 신경 쓰지 않습니다. 그러나 가정의 동선 관리는 회사보다도 중요할 수 있습니다. 가정은 일과 휴식이 공존하는 공간이기에 효율적으로 움직이고 편안히 쉬도록 설계되어야 합니다.

먼저 주방을 볼까요? 자주 쓰는 메인 그릇과 반찬 그릇, 접시 등은 손이 잘 닿지 않는 곳에 있는 경우가 많습니다. 막상 손이 닿는 공간에는 1년에 한두 번 쓸까 말까 한 곰솥, 잔치팬 등 큼지막한 주방용품이 자리 잡고 있습니다. 주방 정리를 할 때 가장 먼저 해야 하는 것이 바로 이런 큰 주방용품을 빼서 베란다로 옮기는 일입니다. 주방에서 자주 사용하는 접시나 도구의 위치를 바꿨을 뿐인데, 매일 요리에 소모되는 시간이 크게 단축되고 불필요한 움직임도 줄어듭니다.

정리 컨설팅 사례 중, 집에서 요리하기가 불편하다는 의뢰인이 있었습니다. 평소에 사용하지 않는 김장 용품은 주방 하단에 보관해 두고 정작 매일 쓰는 접시는 높은 선반에서 꺼내야 했는데, 저는 이를 반대로 바꾸기를 제안했습니다. 그렇게 하자, 의뢰인은 "요리가 훨씬 빨라졌다."라며 감탄했습니다. 사소한 변화처럼 보이지만 이런 동선 관리가 삶의 질을 바꾸는 데 큰 영향을 줄 수 있습니다. 싱크대 근처에는 음식 재료를 씻고 손질하는 용도의 도마나 칼, 볼 등이 위치해야 합니다. 정수기는 컵에서 최

 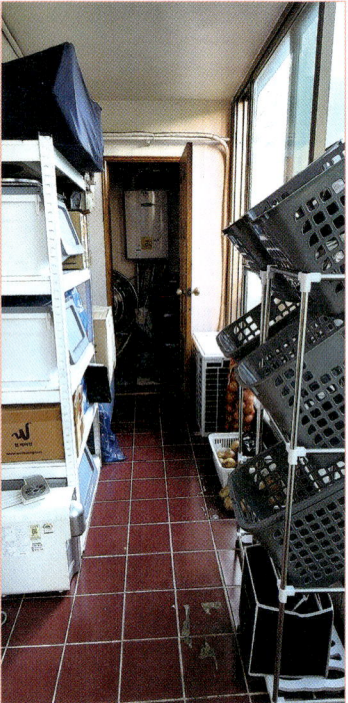

베란다에 큰 선반을 설치하고
일 년에 한두 번 쓰는 주방용품을 최대한 보관하는 것이 좋다.

대한 가까운 위치에 있는 것이 좋고, 생수를 구매하는 집이라면 냉장고와 가까운 쪽에 컵을 비치하면 좋습니다. 이렇게 정리해서 설명하면 대부분은 "그렇게 당연한 사실을 왜 몰랐을까요?" 하면서 당황과 감탄을 동시에 표현합니다.

효율적인 동선을 반영한 부엌 찬장 정리 전/후.

동선 관리로
힐링 공간 만들기

동선을 최적화하는 것은 단순히 움직임을 줄이는 데 그치지 않고 집을 힐링의 공간으로 바꾸는 데도 중요한 역할을 합니다. 잘 정리된 공간은 더 큰 심리적 안정감을 주며, 불필요한 자극을 줄여 마음의 휴식을 가능하게 하기 때문이지요.

아이 방이 항상 어질러져 있던 한 집에서는 아이의 학용품과 문제집이 책상에서 멀리 떨어져 있어 숙제할 때마다 교재를 책상에 옮기는 일이 반복되고 있었습니다. 필요한 학용품을 손 닿는 곳에 배치한 뒤, 아이는 "이제 숙제를 끝내도 힘들지 않아요!"라며 좋아했습니다. 지금부터 효율적인 동선 관리법 2가지를 소개하겠습니다.

① 주방 동선 최적화하기

주방은 동선 관리가 특히 중요한 공간입니다. 음식을 준비하고 조리하며 설거지까지 이어지는 과정에서 자주 사용하는 물건의 배치가 제대로 되어 있지 않으면 불필요한 움직임이 반복되기 때문입니다. 한 고객은 10년 넘게 쓰지 않은 전기 그릴과 고기 판이 주방 서랍을 가득 채우고 있어, 매번 사용할 물건을 찾느라 스트레스를 받았습니다. 이 물건들을 옮기고, 매일 사용하는 접시와 볼을 배치한 뒤 마치 주방이 새로 생긴 것 같다며 좋아했습니다. 단순한 정리만으로도 요리 시간과 에너지 소모가 크게 줄어듭니다.

② 방마다 중심 동선 고려하기

거실은 소파와 TV를 중심으로, 아이들 방은 책상과 침대를 기준으로 물건을 배치하세요. 동선이 부자연스러워 물건을 이리저리 옮겨야 하는 경우가 많다면 해당 공간의 배치를 점검해 볼 필요가 있습니다. 한 가족은 거실 한가운데에 커다란 러닝머신이 있어 가족 모두가 돌아다니느라 불편함을 겪었습니다. 러닝머신을 벽 쪽으로 옮기고, 중간 공간을 확보한 뒤 가족들이 거실에서 함께 머무르는 시간이 늘어났습니다.

회사에서 효율적인 동선이 생산성을 높이는 데 필수적인 것처럼, 가정의 동선 최적화는 일상과 가사를 효율적으로 만드는 핵심 요소입니다. 작은 변화가 일상의 스트레스와 에너지 낭비를 줄일 수 있습니다. 집 안 물건의 위치를 재조정하고, 자주 쓰는 물건을 가까이 배치하며, 덜 쓰는 물건은 과감히 옮기는 것만으로도 공간은 더 쾌적하고 움직임은 더 편해질 것입니다. 오늘부터 우리 집 동선을 점검하고, 효율적인 인테리어 관리로 힐링과 편리함이 공존하는 공간을 만들어 보세요.

놀이방부터 휴식 공간까지
진짜 집 꾸미기 기술

현대의 주거 공간은 단순히 거주하는 장소를 넘어, 가족 간의 소통과 개인의 휴식을 동시에 충족시킬 수 있는 장소로 진화하고 있습니다. 요즘 많은 가정에서 공간을 재구성하고 벽을 허물어 넓은 다목적 공간을 만드는 '오픈 플랜(Open Plan)' 방식을 채택하는 이유도 여기에 있습니다. 하지만 공간 구성을 고민할 때, 종종 간과하는 문제가 있습니다. 바로 아이들의 활동 범위입니다.

**아이 놀이 공간은
어린이집처럼**

많은 부모가 아이들을 위해 넓고 아름다운 놀이방을 만들어 주려 노력합니다. 하지만 아이들의 눈높이에서 보면, 집의 거실과 방은 이미 충분히 넓고 큽니다. 너무 넓은 놀이방은 오히려 아이들에게 막막함을 줄 수 있습니다. 실제로 아이들은 좁고 아늑한 공간에서 안정감을 느끼며, 집중해서 놀 수 있습니다.

아이의 놀이방을 어떻게 꾸며야 할지 고민하는 부모들에게 가장 간단한 팁은 '어린이집처럼 꾸미기'입니다. 어린이집은 아이들의 행동과 발달을 고려해 공간이 설계되어 있기 때문이지요. 낮은 책장과 장난감 수납장을 활용하면 아이들이 물건을 스스로 정리하기도 쉽고, 장난감 상자나 선반에 그림이나 색깔로 레이블을 붙이면 아이들이 물건의 위치를 기억하고 스스로 정리하는 데 도움이 됩니다.

한 가정에서는 아이의 놀이방을 정리하기 위해 낮은 장난감 바구니를 마련하고, 바구니마다 자동차, 블록, 인형 등 카테고리를 구분해 그림으로 표시했습니다. 이후 아이는 "자동차는 빨간 박스에 넣는 거지!"라며 혼자서도 즐겁게 정리하게 되었습니다.

**TV는 왜
거실에 둬야 할까?**

다음으로 놓치기 쉬운 것은 TV와 방의 관계입니다. TV를 방에 숨기거나, 아이의 방과 거실을 경계 없이 사용하는 경우 의도치 않게 공간 활용과 가족 간의 유대감에 부정적인 영향을 미칠 수 있습니다. 많은 부모가 TV를 아이 방에 두거나 거실에서 배제하려는 선택을 합니다. 그러나 TV는 적절히 활용하면 가족 소통과 여가를 위한 훌륭한 도구가 될 수 있습니다.

거실에 TV를 두는 가장 큰 이유는 가족 활동을 만들기 위해서입니다. 거실은 가족이 함께 시간을 보내는 공간으로, TV를 중심으로 영화나 프로그램을 시청하며 대화를 나눌 기회를 제공합니다. 만약 TV를 방에 숨겨 둔다면 가족이 각자의 방에서 TV를 보며 고립될 가능성이 커집니다.

한 가족은 아이 방에 TV를 두었다가, 아이가 방에서 나오지 않고 TV를 보는 시간이 길어지며 부모와의 대화가 줄어드는 문제를 겪었습니다. 컨설팅 후 TV를 거실로 옮기고, TV 시청 시간을 가족 모두가 함께하는 시간으로 정했습니다. 이후 아이는 방에 머무르지 않고 거실에서 부모와 함께 이야기를 나누기 시작했습니다.

온 가족을 위해 거실은 휴식형 분위기로 바꾸었다.

**휴식형 거실을 만들어
편안한 집을 조성하라**

동일이네는 이사 전 살던 집에서는 거실을 북카페처럼 사용했습니다. 거실 한가운데 큰 테이블과 책장이 나란히 배치되어 있어 보기에는 예뻤지만, 시간이 지나면서 아이들에게는 불편함으로 작용했습니다. 동일이는 당시를 떠올리며 "공부하는 시간도 없는데 거실은 막상 공부하려고 하면 집중이 안 되고 힘들어요."라고 이야기했습니다. 이렇게 느끼는 이유를 살펴보면 동일이는 학교를 마치고 학원과 독서실을 두루 거치며 대부분 바깥에서 공부하는 시간이 긴 아이였습니다. 피곤한 상태로 집에 들어왔을 때 제일 처음 반겨 주는 거실이 또다시 공부 중심 환경이라 휴식을 취할 수도 온전히 공부에 집중할 수도 없는 상태였습니다.

동일이의 공부 일정을 고려해 동일이의 방을 집중력 환경으로 만들어 주었고 거실은 휴식할 수 있는 편안한 공간으로 조성하여 공부와 휴식의 균형을 잡아 주었습니다. 이렇게 긴 시간 공부를 하는 아이들에게 집은 학교와 학원에서 돌아왔을 때 편안함을 느낄 수 있는 공간이어야 합니다. 특히 거실은 스트레스를 해소하고 심리적 안정을 찾는 장소로 구성해야 합니다. 동일이네는 이사를 하면서 거실을 휴식형 거실로 재구성했습니다. 부모는 소파와 러그, 간단한 장식품을 이용해 따뜻하고 차분한 분위기를 만들었고, 아이들도 "이제는 집에 오면 진짜 편안해요."

라며 만족감을 표현했습니다.

　아이들을 위한 공부 공간을 만들어 줄 때는 아이의 하루 일정을 반드시 체크해 보세요. 예를 들어, 독서실이나 카페 등 외부에서 공부하는 시간이 긴 아이는 집에서 공부하는 시간이 많지 않습니다. 이렇게 되면 거실은 최대한 휴식 공간으로 꾸미고 자기 방에 들어가서도 휴식을 취할 수 있도록 구성하는 것이 좋습니다. 반대로 집에서 부모가 공부를 주로 봐주는 아이라면 북카페처럼 공부 환경 중심으로 공간을 꾸밀 필요가 있습니다.

　한 가정은 집 안에서 휴식을 취하지 못한다는 고민을 토로했습니다. TV, 헬스기구, 업무용 책상까지 거실에 놓여 있어 쉬는 공간과 일하는 공간이 혼재되어 있었기 때문이지요. 이후 TV와 헬스기구를 벽 쪽으로 배치하고, 소파와 쿠션으로 중심 공간을

숙제를 많이 봐줘야 하는 초등학생 자녀 가정에 추천하는 휴식+취미 복합형 거실.

휴식형 거실로 배치할 때 TV 주변에 책이나 장식장으로 꽉 채우기 보다 좌우대칭으로 구성하면 심리적 안정감을 준다.

꾸며 거실을 가족의 대화와 휴식을 위한 장소로 재구성했습니다. 결과적으로 가족 모두가 함께하는 시간이 늘어났고, 집에서도 마음 편히 에너지를 충전할 수 있었습니다.

공간은 단순히 물리적인 장소가 아니라, 가족 간의 소통과 아이의 성장을 돕는 중요한 요소입니다. TV를 거실에 두고, 아이들의 놀이 공간을 작게 나누며, 구획을 적절히 나누는 것만으로도 가족의 생활은 훨씬 편리하고 즐거워집니다.

공간 마법사의 핵심 ✦ TIP ⑧

아이의 정리정돈 습관 길러 주는 10가지 방법

정리정돈 습관을 기르는 과정은 아이의 성장과 발달에 깊은 영향을 미칩니다. 정리정돈은 집중력, 자기 통제력, 독립심을 키워 주고, 장기적으로 아이의 학습 능력과 삶의 태도에도 긍정적인 변화를 가져옵니다. 그러나 습관을 체화하는 데에는 시간이 필요하기에 자연스럽고 즐거운 방식으로 접근하는 것이 중요합니다. 다음은 아이의 정리정돈 습관을 효과적으로 기르는 10가지 방법입니다.

1. 어릴 때부터 놀이처럼 시작하라

습관은 아이의 행동과 성격에 큰 영향을 미칩니다. 아동 심리 발달 연구에 따르면, 어린 시절부터 형성된 행동 습관은 성인이 되어서도 지속될 가능성이 큽니다. 아이가 유아기라 해도, 놀이와 정리를 결합하면 정리 과정을 하나의 재미있는 활동으로 받아들이게 됩니다. "이 장난감을 집으로 보내 줄까?"라는 식으로 이야기를 만들어 정리에 참여시키면, 아이는 거부감 없이 정리를 시작할 수 있습니다. 정리 초기 경험이 즐겁다면, 아이는 하나의 긍정적인 활동으로 기억하며 성인이 되어서도 삶의 중요한 영역에 도입할 가능성이 큽니다. 부모가 놀이를 활용해 정리의 즐거움을 알려 준다면, 아이는 정리를 자연스럽게 자신의 일상으로 받아들일 것입니다.

2. 카테고리를 활용하여 간단하고 명료하게 분류하라
아이들에게 정리정돈을 가르칠 때 복잡하게 분류하는 것보다 단순한 분류 방식이 효과적입니다. 장난감, 책, 옷 등으로 물건을 분류하고, 카테고리마다 특정 장소를 지정해 주는 방식이 좋습니다. 심리학 연구에 따르면, 아이들은 시각적 단서를 통해 더 효과적으로 물건을 기억하고 정리할 수 있다고 합니다. 따라서 카테고리를 색깔이나 그림으로 표시하면 아이가 쉽게 이해하고 참여할 수 있습니다. 정리에 대한 부담을 줄여 아이가 정리정돈에 스트레스를 받지 않게 만드는 방법이기도 합니다.

3. 아이의 공감 끌어내며 정리의 중요성을 설명하라
아이들이 정리정돈을 단순히 명령으로 받아들이지 않도록 정리의 중요성을 명확히 설명하는 것이 필요합니다. "정리정돈을 미리 해 두면 필요할 때 물건을 더 쉽게 찾을 수 있고, 원하는 놀이에 집중할 수 있어." 하는 방식으로 부모가 이끌어 주면 아이는 정리정돈에 조금 더 흥미를 갖게 됩니다. 정리된 환경은 아이의 주의 집중력을 높이고 스트레스를 감소시키는 데 효과적입니다. 자기 통제력을 길러 주기 위해서는 정리정돈을 일찍부터 가르쳐야 합니다. 정리된 환경에서 학습한 학생이 더 나은 성적과 정서적 안정감을 보여 준다는 연구 결과도 있습니다. 아이와 함께 정리의 장점을 공유하며, 아이의 생활을 어떻게 개선할 수 있는지 구체적으로 알려 줄 필요가 있음을 명심하세요.

4. 정해진 시간에 정리하는 습관을 만들어라

특정 행동에 보상이나 결과를 연결하여 자녀의 습관을 자리 잡게 만드는 것은 심리학적으로 효과적인 기법입니다. 정리정돈을 하나의 습관으로 만들기 위해서는 매일 일정한 시간에 정리하도록 규칙을 세우는 것이 중요합니다. 예를 들어, '잠자기 전에 5분 동안 정리하기'와 같은 일과를 정하면, 정리가 아이의 하루 일상 속에 자연스럽게 녹아듭니다.

정리를 마친 뒤 즉각적인 칭찬이나 보상을 제공하면 동기 부여를 더욱 강화할 수 있습니다. "오늘 네가 정리한 방을 보니 정말 깔끔해서 가슴이 탁 트이는구나!"와 같은 구체적인 칭찬은 아이에게 성취감을 주고, 긍정적인 기억을 형성하는 데 도움을 줍니다. 정리 과정을 아이가 단순한 노동이 아닌 자기 통제력을 키우는 중요한 활동으로 인식하도록 돕는 것은 부모의 매우 중요한 입니다.

5. 부모가 먼저 행동으로 본보기를 보여라

부모는 아이에게 가장 큰 영향을 미치는 역할 모델입니다. 부모가 정리를 중요시하고 솔선수범하는 모습을 보이면 아이는 자연스럽게 따라 하게 됩니다. "엄마도 책을 정리할 테니, 너도 장난감을 정리해 보자!"와 같은 방식으로 함께 정리하면, 아이는 정리를 공동의 활동으로 받아들입니다. 아이들은 주변 성인의 행동을 관찰하고 모방함으로써 학습합니다. 부모가 정리를 귀찮은 집안일로 느끼면 의무적으로 하고 있다면, 아이 역시 부정적인 감정을 느낍니다. 부모가 특히 꾸준히 실천하는 모습을 보여야 아이도 자연스럽게 따라 합니다. 부모가 매일 일정한 시간에 책상을 정리하거나, 물건을 제자리에 두는 모습을 반복적으로 보여 주면, 아이는 자신의 행동으로 자연스럽게 옮깁니다. 특히 어린 나이의 아이들에게 효과적으로 작용하며, 정리정돈 습관 형성에 중요한 영향을 줄 수 있다는 점을 기억하세요.

6. 게임 요소를 추가하여 놀이처럼 접근하라

정리정돈을 놀이로 만들어 보세요. 제한 시간을 두고 "누가 더 빨리 정리하나?" 하는 방식으로 경쟁을 하거나, 신나는 음악을 틀어 분위기를 조성하면, 아이는 정리를 놀이 일부로 느낄 수 있습니다. 이러한 방식은 특히 에너지가 넘치는 아이들에게 효과적입니다. 놀이를 통해 아이는 정리정돈에 대한 거부감을 줄이고, 스스로 주도적으로 참여하게 됩니다.

7. 도구를 활용하여 정리가 쉬운 환경을 조성하라

정리가 쉬운 환경은 아이가 스스로 정리를 할 수 있도록 돕습니다. 이때 물건을 쉽게 꺼내고 넣을 수 있도록 투명한 박스나 라벨이 붙은 서랍을 사용하는 것이 효과적입니다. 아이들이 스스로 정리하고 정돈할 수 있는 환경을 만들어 주면, 자율성과 책임감을 동시에 키울 수 있습니다. 이때 정리 과정을 단순화할 수 있는 수납 도구를 제공해야 한다는 점도 포인트라는 점, 잊지 마세요!

8. 작은 성과에도 칭찬을 아끼지 마라

아이가 정리를 잘했을 때, 그 노력을 충분히 인정해 주세요. "정말 잘했어! 이 방이 훨씬 깔끔해졌네!"라는 칭찬은 아이의 성취감을 높이고, 정리정돈에 대한 자신감을 키웁니다. 결과가 완벽하지 않더라도 아이가 노력한 점을 강조하며 격려하는 것이 중요합니다. 정리를 귀찮은 집안일이 아니라, 식구들이 마음을 나누고 아이가 성장하는 소중한 시간으로 바라봐 주세요.

9. 작은 목표부터 시작하여 점진적으로 독립성을 키워라

처음부터 모든 것을 스스로 정리하게 요구하지 말고, 작은 영역부터 시작하도록 하세요. "오늘은 네 책상 위만 정리해 볼까?"처럼 구체적이고 달성 가능한 목표를 제시하면, 아이는 성취감을 느낄 수 있습니다. 아이에게 "왜 안 치워?"라고 지적하기보다는 "이건 어디에 두면 좋을까?"처럼 질문을 건네 보세요. '정리는 혼나는 일이 아니라, 나를 위한 일'이라는 긍정적인 감정을 아이 마음속에 심어 줍니다.

10. 지속적인 관심과 지도로 꾸준한 습관을 형성하라

정리정돈 습관은 단기적인 활동이 아닙니다. 부모가 꾸준히 관심을 가지고, 정리가 잘 이루어졌을 때 칭찬과 격려를 아끼지 않는 것이 중요합니다. 또한 아이가 정리를 잊었을 때는 부드럽게 상기시키며 긍정적인 태도를 유지하도록 도와주세요. 지속적인 관심을 줘야 아이가 정리정돈을 일시적인 활동이 아닌, 일상적인 습관으로 인식합니다. 작은 실천과 부모의 꾸준한 지원이 쌓여, 아이는 평생 가는 습관을 갖추게 될 것입니다.

아이와 부모가 함께하는 공간 정리 Q&A
온 가족 루틴 편

Q1 가족 공용 공간 | 거실을 깔끔하게 유지하는 정리 방법은?

A 거실은 가족 모두가 사용하는 공간이기 때문에 정리 기준을 명확히 정하는 것이 중요합니다.

① 장난감, 책, 리모컨 등 자주 사용하는 물건을 정리할 '거실 전용 바구니'를 배치하고, 사용 후 제자리에 두는 습관을 길러 주세요.

② 테이블이나 소파 위에 물건이 쌓이지 않도록 '하루 한 번 거실 정리 시간'을 정해 가족이 함께 정리하는 시간을 가져 보세요.

③ 잡동사니가 쌓이지 않도록 '이 공간에서 꼭 필요한 물건인가?'를 자주 점검하는 것이 효과적입니다.

Q2 욕실 정리 | 아이의 세면도구와 장난감을 효율적으로 정리하는 방법은?

A 욕실에서 아이의 세면도구와 장난감이 뒤섞이면 찾기 어렵고 위생 관리가 힘들어집니다.

① 샤워 공간과 세면 공간을 나누어 배치하고, 흡착식 바구니나 벽걸이 선반을 활용해 물건을 띄워 보관하세요.

② 장난감은 물 빠짐이 좋은 그물망에 보관하면 습기를 최소화할 수 있습니다.

③ 세면도구는 아이가 쉽게 닿을 수 있는 높이에 배치하고, 칫솔은 개별 칫솔꽂이에 보관하여 위생을 유지하세요.

Q3 식탁 정리 | 아이와 함께 식사 공간을 정리하는 좋은 방법은?

A   식사 후 자연스럽게 정리하는 습관을 만들려면 책임 구역을 나누는 것이 효과적입니다.

① 아이에게 '내 자리 정리하기' 역할을 주고, 직접 접시와 컵을 싱크대로 옮기도록 지도하세요.

② 식사 전후에 '정리 도우미' 역할을 주고, 가족 구성원이 담당하도록 하면 아이도 재미있게 참여할 수 있습니다.

③ 물티슈나 행주를 아이가 닿는 곳에 두어 스스로 닦도록 유도하면 정리 습관이 자연스럽게 자리 잡습니다.

Q4 냉장고 정리 | 아이 간식을 한눈에 찾기 쉽게 정리하는 방법은?

A   아이가 간식을 스스로 꺼내 먹도록 하려면 냉장고 정리도 중요합니다.

① '아이 전용 간식 코너'를 만들어 아이가 허락된 간식을 쉽게 찾을 수 있도록 하세요.

② 용도별로 구분된 투명 정리함을 사용해 우유, 과일, 요거트 등 간식을 나눠 정리하면 아이도 체계적으로 이용할 수 있습니다.

③ 유통기한이 가까운 간식은 앞쪽에 배치하고, 새로운 간식은 뒤쪽에 정리하는 '선입선출' 원칙을 활용하세요.

Q5 계절 용품 정리 | 겨울옷, 여름옷을 깔끔하게 보관하는 방법은?

A   계절이 바뀌면 옷장이 금방 꽉 차기 때문에 효율적인 정리가 필요합니다.

① 자주 입지 않는 계절 옷은 부피를 줄일 수 있는 진공 팩이나 수납 박스를 활용해 보관하세요.

② 계절이 바뀔 때마다 아이와 함께 '입을 옷 vs. 정리할 옷'을 나누는 시간을

가지면 불필요한 옷을 줄일 수 있습니다.

③ 수납공간이 부족하다면 '수직 정리법'을 활용해 서랍장이나 옷장을 더 효율적으로 사용할 수 있습니다.

Q6 가정 내 서류 정리 | 가정 통신문, 아이의 성적표, 병원 기록을 정리하는 방법은?

A 아이의 학교 서류, 건강 기록 등이 쌓이면 찾기 어려워질 수 있습니다.

① 카테고리를 정해 '학교 서류', '병원 기록', '기타 중요 문서'로 나누어 파일 정리함을 사용하세요.

② 가정 통신문 중 중요한 일정은 달력에 표시하고, 불필요한 서류는 바로 버리는 습관을 들이면 서류가 쌓이는 걸 막습니다.

③ 서류 정리 시간을 한 달에 한 번 정해 필요 없는 문서를 주기적으로 정리합니다.

Q7 자동차 정리 | 차 안이 장난감과 간식으로 어질러지는 걸 막는 방법은?

A 이동 중 아이가 장난감을 가지고 놀거나 간식을 먹으면 차 안이 쉽게 지저분해질 수 있습니다.

① 좌석 뒤쪽에 걸 수 있는 '자동차 정리 포켓'을 활용해 장난감, 책, 물티슈 등을 수납하면 깔끔하게 유지됩니다.

② 간식은 개별 용기에 담아 제공하고, 쓰레기를 바로 버릴 수 있도록 미니 휴지통을 준비하세요.

③ 장거리 이동 후에는 '차 안 정리 시간'을 정해 아이와 함께 정리합니다.

Q8 여행 짐 정리 | 아이와 함께 여행 가방을 효과적으로 싸는 방법은?

A 아이가 직접 짐을 챙길 수 있도록 도와주면 스스로 정리하는 습관을 기를 수

있습니다.
① 여행 전에 체크 리스트를 작성하고, 아이가 스스로 필요한 물건을 준비하도록 해 보세요.
② 옷, 세면도구, 장난감 등 카테고리별로 파우치나 작은 가방에 나눠 담으면 짐을 찾기 쉬워집니다.
③ 여행 후 짐을 정리할 때도 아이와 함께하면 '사용한 물건은 제자리에'라는 개념을 배울 수 있습니다.

에필로그 물건을 차곡차곡 정리하며 아이는 삶을 배워 갑니다

정리정돈은 단순히 물건을 치우는 일이 아닙니다. 아이가 자신의 삶을 정리하고, 미래를 준비하는 중요한 과정입니다. 부모로서 제가 정리정돈의 중요성을 깨닫게 된 순간은 사실 그렇게 거창한 계기가 아니었어요. 어느 날, 온 방에 흩어진 장난감을 보며 문득 이런 생각이 들더군요. '이대로는 안 되겠어. 우리 아이가 정리되지 않은 환경에서 자란다면, 나중에 더 큰 혼란 속에서 살게 될지도 몰라.' 그날 밤, 저는 정리정돈을 아이와 함께 시작하기로 결심했습니다.

**작은 약속으로
시작된 변화**

한 번에 완벽한 정리정돈을 기대하지 않았습니다. 저도 알고 있었어요. 정리라는 건 단기간에 습득되는 기술이 아니라는 것을

요. 그래서 첫걸음을 가볍게 떼기로 했습니다. 어느 날 저녁, 가족이 모두 모인 자리에서 작은 약속을 하나 정했죠.

"우리, 오늘부터 하루에 물건 하나씩만 정리해 보는 거 어때?"

처음엔 아이가 고개를 갸웃했지만, 함께 시작해 보자는 제안을 거부하지 않았어요. 첫날엔 장난감 박스 하나를 꺼내 비우기로 했습니다. 박스를 열고 보니, 그 안엔 몇 달 동안 쓰지 않은 장난감들이 가득했어요. 아이에게 물었습니다.

"이건 꼭 필요한 거야? 앞으로도 자주 사용할까?"

처음엔 아이도 망설였어요. 무언가를 버리거나 정리하는 게 쉽지 않았던 거죠. 하지만 제가 옆에서 차분히 이야기를 나누며 도와주자, 아이도 점점 판단을 하기 시작하더라고요. 그렇게 한 박스를 정리하니 방 안이 눈에 띄게 달라졌습니다. 아이의 표정에서 작은 변화가 느껴졌어요. 단순히 물건이 줄어든 기쁨이 아니었죠. 자신이 직접 선택하고 책임졌다는 뿌듯함이 얼굴에 번져 있었습니다.

"엄마, 이건 내가 해 볼게요."

몇 주 뒤, 놀라운 일이 벌어졌습니다. 아이가 먼저 다가와 이렇게 말하더군요.

"엄마, 이제는 제가 스스로 정리해 볼게요."

순간 가슴이 벅차올랐습니다. 처음엔 부모의 도움을 받아 시작했지만, 이제는 스스로 계획하고 실행하려는 의지를 보였으니까요. 작은 습관이 아이의 태도를 이렇게까지 바꿀 수 있다는 사실이 놀라웠습니다.

그 후로 아이는 점점 더 적극적으로 정리정돈에 참여하기 시작했습니다. 심지어 학용품이나 책상 위도 스스로 정리하며 자신만의 공간을 만들어 갔지요. 그 과정에서 아이의 자신감이 눈에 띄게 성장했고 공부 태도도 서서히 좋아지기 시작했어요. 단순히 공부에 열중해서가 아니라, 정리된 환경 속에서 집중력이 높아지고 스스로를 통제하는 힘이 생겼던 거죠.

정리정돈은
삶을 살아가는 힘을 키운다

정리정돈은 단순히 방을 깨끗하게 치우는 일이 아닙니다. 아이가 자신의 공간을 책임지고, 그 안에서 스스로 표현하며 성장하는 과정입니다. 저는 이 과정을 통해 중요한 교훈을 얻었습니다. 부모로서 아이에게 완벽함을 요구하기보다는 스스로 해낼 수 있는 작은 성공의 기회를 주는 것이 훨씬 중요하다는 점입니다.

아이에게 정리정돈은 자신만의 질서를 세우고, 삶을 주도적으로 살아가는 힘을 키우는 가장 기본적인 연습입니다. 그 작은 연습이 쌓이고 쌓여 결국 아이의 태도와 인생 전반을 바꾸는 강력한 힘이 된다는 것을 부모로서 경험했기에, 이 이야기를 꼭 나누고 싶었습니다.

**물건의 질서가 잡히면
마음속 질서도 잡힌다**

이 과정에서 가장 행복했던 순간은, 아이와 함께 한 작은 변화들이 우리 가족의 일상이 되었다는 점입니다. 저녁 식사 후엔 모두가 각자의 물건을 정리하는 시간이 생겼어요. 처음엔 이 시간이 잠깐의 규칙처럼 느껴졌지만, 어느새 우리 집의 문화로 자리 잡았습니다. 방 한구석에 흩어져 있던 장난감과 책들이 하나둘씩 제자리를 찾을 때마다 우리 아이의 마음속 질서도 함께 잡혀 가는 것 같았습니다.

이런 일상적인 과정이 쌓이면서 아이는 자기 주도성을 키워 갔고, 스스로 계획하고 실행하는 습관을 자연스럽게 배워 갔습니다. 저는 이 모습을 보며 깨달았죠. 정리정돈은 단순히 공간을 깨끗하게 유지하는 일이 아니라, 아이가 자신의 삶을 계획하고 실행하는 데 필요한 힘을 길러 주는 과정이라는 것을요.

**정리정돈은
삶을 살아가는 태도다**

정리정돈은 삶의 태도를 바꾸는 작은 시작입니다. 아이가 정리를 배우며 스스로 삶을 통제하는 법을 익히는 과정은, 단순히 물건을 정리하는 것을 넘어 삶 전체를 정돈하는 힘을 키워 줍니다. 부모로서 저는 이 과정을 통해 배웠습니다. 중요한 것은 아이가 실패를 두려워하지 않고 작은 성공을 반복하며 자신만의 방식을 찾아가도록 돕는 것입니다.

 이 글을 읽는 부모님들께도 말씀드리고 싶어요. 아이와 함께 정리정돈을 시작해 보세요. 그 과정에서 여러분의 가정에 작은 기적이 찾아올 것입니다. 아이와 함께 만든 변화들이, 여러분의 삶에 행복과 성장을 가져다주길 진심으로 응원합니다.

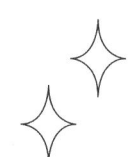

공부 집중력부터 자기 주도 학습까지 한 번에 잡는

8살 방 정리의 힘

초판 1쇄 발행 2025년 5월 20일

지은이 이정원
펴낸이 민혜영
펴낸곳 카시오페아
주소 서울특별시 마포구 월드컵로14길 56, 3~5층
전화 02-303-5580 | **팩스** 02-2179-8768
홈페이지 www.cassiopeiabook.com | **전자우편** editor@cassiopeiabook.com
출판등록 2012년 12월 27일 제2014-000277호

ⓒ이정원, 2025
ISBN 979-11-6827-292-7 03590

이 책은 저작권법에 따라 보호받는 저작물이므로 무단 전재와 무단 복제를 금지하며, 이 책의 전부 또는 일부를 이용하려면 반드시 저작권자와 (주)카시오페아 출판사의 서면 동의를 받아야 합니다.

- 잘못된 책은 구입하신 곳에서 바꿔 드립니다.
- 책값은 뒤표지에 있습니다.